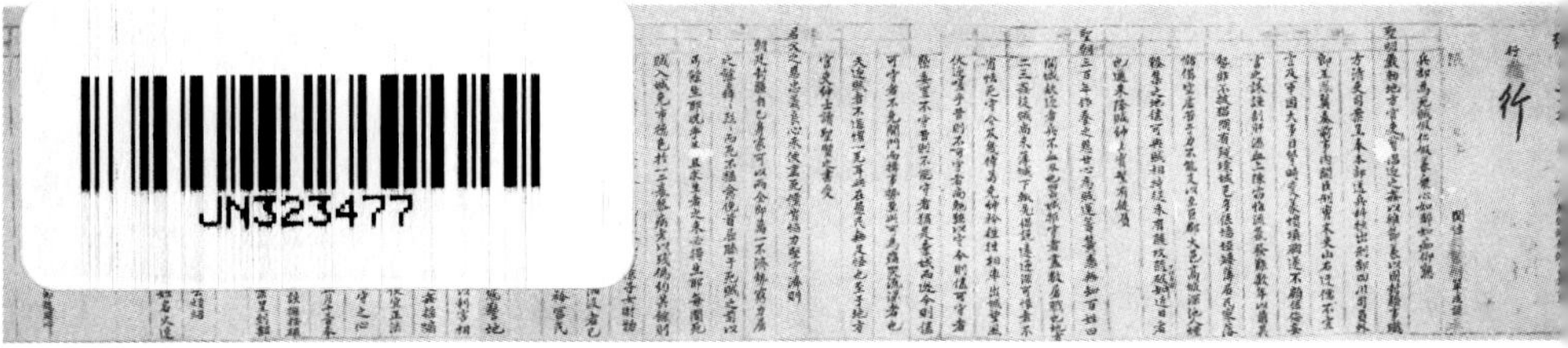

兵部行「兵科抄出刑部四川司員外郎王鳳翼奏」稿 （原件藏北大）

兵部爲死賊假仁假義衆心如醉如痴仰懇聖明嚴勅地方官吏急剪倡迎之姦以維節義以固封疆事職方淸吏司案呈奉本部送兵科抄出刑部四川司員外郎王鳳翼奏前事內開臣刑曹末吏山右迂儒不宜言及軍國大事目擊時變義憤塡胸遂不顧倨侮妄言之誅謹剖肝瀝血上陳竊惟流氛發難數年以前其勢非不披猖間有殘壞城邑多係墻垣矮薄居民寥落儲備空虛苦于力不能支以至巨郡大邑高城深池人煙輳集之地儘可與賊相持從未有隨攻隨破不攻自破如近日者也邇來降賊紳士實繁有徒負聖朝三百年作養之恩甘心爲賊運籌簧惑無知百姓曰開城欵迎者兵不血刃也罌（嬰）城拒守者盡數屠戮也地方二三姦徒賊尙未薄城下輒先倡說遠迎深可恨者不肖怯死守令及幾倖苟免紳衿往往相率出城望風伏迎嗟乎昔則不可守者尙勉强以守今則儘可守者槩委置不守昔則不能守者猶是棄城而逃今則儘可守者不免開門而揖事勢至此可爲痛哭流涕者也夫迎賊者不過懼一死耳此在愚民無足怪也至于地方官吏紳士讀聖賢之書受君父之恩忠義良心未便盡死儻肯協力堅守濟則朝廷封疆自己身家可以兩全卽萬一不濟勢窮力屈之餘轟轟烈烈而死不猶愈俛首屈膝于死賊之前以丐餘生耶況乎苟且求生者之未必得生耶每聞死賊入城免市德色於一二衰黎病老以踐僞約其餘則借口爲民除害屠殺紳衿富民猶故也擄掠子女財物猶故也焚燒官舍富屋猶故也嗟乎旣遭陷沒者已矣彼城郭猶幸無恙防禦尙堪勉圖者紳衿富民獨不鑒前車而醒寤乎哉伏乞皇上嚴勅各該撫按申飭所轄監司守令凡有寇警地方亟須預戢姦萌動紳士以大義諭愚民以利害相與盟神誓衆戮力固守如有前項倡迎之姦搖煽人心者許守土之官卽會同本地紳士人等便宜正法梟首示衆庶可破亂民附賊之膽堅良民死守之心封疆之事其猶可爲乎等因崇禎十七年正月十三日奉聖旨奏內有司紳衿倡迎逆寇的是何姓名通著該撫按確察具奏該部知道欽此欽遵鈔出到部送司案呈到部擬合就行爲此一咨 都察院轉行各巡按御史 通行省直各巡撫 合咨前去煩炤明旨內事理卽將各郡邑有倡迎逆寇各紳衿有司姓名火速察明具奏施行崇禎十七年正月十八日署司事員外郎趙開心

監修者――木村靖二／岸本美緒／小松久男／佐藤次高

［カバー表写真］
李自成肖像

［カバー裏写真］
李自成少年時代の活動舞台

［扉写真］
1644年1月，李自成軍の入城を歓迎する
山西民衆のようすを伝える官僚の上奏文
（上が正規の形式による上奏文）

世界史リブレット人41

李自成

駅卒《えきそつ》から紫禁城《しきんじょう》の主《ぬし》へ

Satō Fumitoshi
佐藤文俊

目次

明代という時代

通常、日本での中国史の時代区分では、宋から清朝のアヘン戦争までを近世（または中世）とする。モンゴルが支配した元朝（一二七九～一三六八）を滅ぼした明朝（一三六八～一六四四）は、漢民族中心の中華王朝であった。そして清朝（一六一六～一九一二）は、その明にかわって中国を統治した満州族中心の中華王朝である。明代は日本の室町から安土桃山、江戸の徳川家康の時代にあたる。

明の開祖朱元璋《しゅげんしょう》（洪武《こうぶ》帝、在位一三六八～九八）は、元末の混乱期、今日の安徽《あんき》省鳳陽《ほうよう》県の極貧農の家に生まれ、生きるために貧乏寺の托鉢僧となった。その後、白蓮《びゃくれん》教▲の一集団に参加し、郷里の仲間をまとめて強力な軍団をつくり、著名な儒学者の影響下で白蓮教から離れ、南京を拠点としてモンゴルの勢力を長

▼**白蓮教**　南宋に始まる民間の阿弥陀信仰に由来する宗教結社。邪教として弾圧される。元末には弥勒下生《みろくげしょう》信仰（救世主待望論）と結びつき、紅巾の乱（一三五一～六八）により華北・華中に拡大した。明清時代も結社は弾圧の対象で、明の天啓時代、清の嘉慶時代など社会の混乱期に大反乱を起こしている。

城以北に追い、競合する有力反乱集団を破って明を建国した。

さらに、朱元璋はモンゴル的統治組織を変更して皇帝独裁政治を確立し、明朝統治の基礎をつくった。そして彼に協力してきた開国の功臣・武将・儒者らを数々の疑獄により排除した。また、北に追われたモンゴルに対しては、自身の子息を塞王《さいおう》に封じて長城内外の防衛拠点の軍事を担当させた。内治では大土地所有者としての大地主を排除し、里甲《りこう》制▲を敷いた。国の防衛は衛所《えいしょ》制によっておこない、軍戸(世襲制の軍戸)五〇〇〇戸を一衛として全国重要拠点に配置した。北京と北方の防衛には内地の衛所から毎年交代で兵が派遣され(客兵)、現地の衛所を補佐した。なお、経済的基礎は屯田制による自給制とした。

洪武帝の第四子燕王《えんおう》は、靖難《せいなん》の変▲で甥の二代皇帝建文《けんぶん》帝(在位一三九八～一四〇二)を破り、永楽《えいらく》帝として即位する。内治は洪武帝の方針を踏襲し、対外政策は倭寇対策とともに、外交・経済秩序である朝貢貿易体制を敷き、五〇カ国以上に朝貢させる中華帝国を築きあげた。さらに洪武帝の諸子・塞王を長城以南に移封するとともに、南京から北京への遷都を準備し、モンゴルに対しては自らが軍を率い漠北に出陣した。

▼里甲制　在地の経営地主(郷居地主)と自作農を育成し、里長戸と甲首戸一一〇戸で里甲制を全国に編成し、一里長と十甲首が一年交代で職務についた。里長は甲首を率いて土地と人口を掌握し、王朝の賦役の徴収をおこない、また里老人とともに里内の治安と軽微な裁判・教化の責任を負った。明初にはこの里甲制により、銀の流通や江南の商品経済を統制し、大地主の勢力を抑えた。こうして、内外の経済格差を少なくした自然経済を基盤に、明朝は全国の統治を実施した。

▼靖難の変　甥にあたる二代皇帝建文帝側の削藩策に対し、削藩対象の叔父燕王朱棣《しゅてい》が「君側の奸《かん》を除き、帝室の難を靖《やす》んぜん」をスローガンに、一三九九年、帝の側近排除を名目とする軍事行動で帝側を破り、一四〇二年、永楽帝として即位した。

永楽帝以後の諸皇帝はモンゴルに対して、長城を補修して防衛の第一線とする守勢策に転じた。明の中期以降、銀と銅を基本とする商品経済の発展で、階層分化が進み、内治の基盤であった里甲制の維持が困難になる。これとともに、農村から都市に居住して小作人からの小作料に依存する寄生的大地主や大商人、科挙合格者を輩出する大都市が繁栄した。科挙合格者の進士らを中心にした地域の支配層を郷紳《きょうしん》といい、彼らは族譜をつくって一族の結束をはかった。中国全体からいうと地域間、また各地域内の経済上の格差が大きくなる。十六世紀後半には、メキシコ銀によって世界貿易をリードしていたスペイン・ポルトガルから銀が流れ込み、さらに日本の良質な石見《いわみ》銀山の銀が流入するといったできごとが背景にあった。中国では賦役の銀納化がいっそう進み、嘉靖《かせい》年代（一五二二〜六六）に一条鞭法《いちじょうべんぽう》▲が成立した。

商品経済は拡大したものの、明は海禁政策を強化していたので、後期倭寇には一部の商人が海賊と結び密貿易を展開し、北方では勢力を回復して馬市《ばし》貿易を要求するモンゴルの脅威が強まった。こうした南北の脅威を「北虜南倭《ほくりょなんわ》」という。

▼一条鞭法　嘉靖年代（一五二二〜六六年）中頃、経済先進地域で始まっていた銀納による新しい租税改革で、十六世紀後半、銀の流通を背景に全国で施行された。従来の複雑な田賦（土地税）と丁税（人頭税）をそれぞれの項目で一本化し、総銀額を土地と人丁（一六歳に達した男子）総数に機械的に割り当てた。これを一条鞭法という。

正徳《しょうとく》年間（一五〇六～二二）の反乱時期をへて、万暦《ばんれき》年間（一五七三～一六一九）には三大征▲と、恒常的な明末の秩序の変動を示す諸反乱▲が生起した。一方、東北では満州族を統一したヌルハチが、明から自立して、一六一六年に後金国を樹立した。その後、二代皇帝太宗ホンタイジは一六三六（崇禎《すうてい》九、崇徳《すうとく》元）年、国号を清とし、モンゴル・満州両民族の支配者となった。明軍と戦って勝利したのち、長城以北を支配し、しばしば中国内に侵入して北京も脅かした。このため明は、満州族討伐のため、田税の付加税として重い遼餉《りょうしょう》（遼東方面の軍事費のための税金）を徴収した。明の終末には、このような状況に厳しい自然災害もかさなって、生産力の低い黄土台地の陝西《せんせい》北部の生活環境が破壊され、明を倒壊に導く李自成《りじせい》（一六〇六～四五）・張献忠《ちょうけんちゅう》（一六〇六～四六、一七頁参照）らの流賊を発生させることになったのである。

▼万暦の三大征　万暦年間の三大遠征。一五九二年、寧夏《ねいか》鎮副総兵、投降モンゴル人ボハイの反乱、一五九二～九八年の豊臣秀吉による朝鮮侵略、文禄・慶長の役（壬辰《じんしん》・丁酉《ていゆう》の倭乱）、そして一五九七年、苗《ミャオ》族で播州《はしゅう》の土官楊応龍《ようおうりゅう》の反乱をさす。これらの戦いへの出兵と出費で財政難に陥った。

▼明末の秩序の変動を示す諸反乱　明末には、明の支配秩序を支えてきた社会関係の動揺を示す事件が頻発した。長江中下流域や沿岸部に発達した地主制に対し、地主に小作料減免を求めた小作人（佃戸）の抵抗（抗租）、皇帝から派遣された宦官の不条理な商税や生産税の徴収に対する都市民衆の戦い（民変）、家内奴隷（奴僕）が主人に対し、身分解放を求めた闘争（奴変）、清末にさかんになる土地所有者による税に対する減免運動（抗糧）、明滅亡直後、生員（秀才）層が大順政権の官僚となった地元出身の進士らの厳罰を主張して、郷紳と対立した反従逆運動などである。

①—陝西流賊に参加

陝西北部の状況

まず、李自成の生まれ育った延安《えんあん》府米脂《べいし》県▲を含む陝西《せんせい》北東部の状況にふれておこう。明の行政区画における陝西は、清代の陝西省と甘粛《かんしゅく》省を含む広大な地域で、標高一〇〇〇メートル前後の黄土地帯である。さらに地理的には、陝西は陝北《せんほく》高原、西安や渭水《いすい》を含む関中平原、陝南《せんなん》山地に区分され、米脂県の所属する延安府は陝北高原に属する。人々の住居はこの黄土台地の崖をくりぬいた窰洞《ヤオトン》▲であった。

自然・社会面でいえば、関中や陝南は稲・小麦・大麦・玉蜀黍《トウモロコシ》などの生産地であるが、陝北は冬麦・小米《あわ》区に属するものの可耕地は少なく、玉蜀黍・高《コー》粱《リャン》・粟などの雑穀も産するが自給は難しかった。延安府一九州県のうち、延安以北には一一州県と三六営堡《えいほ》がおかれ、県と堡がいりまじり、軍民が雑居していた。農業のほか、羊を中心とした牧畜を営む者、駅卒《えきそつ》(二四頁参照)や兵士として雇われて給与を生活の糧とした者もいた。したがって人々は騎馬や弓の扱

▼米脂県　米脂という名は特産の小米(外皮をとった粟)のとぎ汁が油のようであり、これで炊いた粥は香があっておいしいところからきている。

▼窰洞　穴を掘ってつくった横穴式住居。人類は有史以前からこの地に住み着いていた。窰洞は比較的簡単につくれるうえ、夏は涼しく、冬は暖かく保温にすぐれていたので、長期にわたり利用されてきた。内壁が補強されるなど改良がなされ、さらに入口に切石を積み上げた石窰《せきよう》や、さらに磚《かわら》を使用した磚窰《せんよう》が出現した。土のみの窰洞は、明清代をとおして貧窮農民を含めた一般人の住居として存続したが、現在では土砂崩れの危険性のため居住は禁止され、山間部に廃墟が多くみられるのみとなった。

いに慣れ、「風気はたけだけしく」、従前から馬賊に参加するなど盗賊化が日常化していた。

陝北は明代の防衛における重要拠点であり、長城九辺鎮のうち、楡林《ゆりん》鎮・寧《ねい》夏《か》鎮・甘粛鎮・固原《こげん》鎮の四辺鎮がおかれた。洪武《こうぶ》帝は諸子に軍事権をもたせて江南を除く各地に封建したが、その二四人のうち九人を長城内外周辺に配置し、塞王《さいおう》として明軍を指揮して北元モンゴルと戦う防御の核とした。北元に対する第一線は長城の外におかれたので、長城は第二の防御線であった。靖難《せいなん》の変の勝利で皇帝位についた永楽帝以降は、諸子封建策の核ともいうべき彼らの軍権を取り上げ、封建地を長城以南に移した。そのため、長城が対モンゴル防衛の第一線となった。明代に修築された長城は八八五一・八キロで、これに沿って九辺鎮がおかれたのである。

洪武年間、陝西以北の河套(オルドス)▲防御の中心として、長城以北の東勝《とうしょう》に衛所《えいしょ》軍がおかれていたが、永楽以降は上記の政策に従い守備兵と軍馬は次第《しだい》に延綏《えんすい》に移された。オルドスは事実上放棄され、黄河と長城が防衛の第一線となった。一方、延綏鎮は延安府綏徳《すいとく》州におかれ、綏徳に所属する楡林には千戸所《せんこしょ》▲

▼オルドス(鄂爾多斯)　現在の内蒙古自治区にあり、黄河の湾曲部から長城以北、黄河河岸にいたる地方をいう。古くは河南、河套と呼ばれた。明の天順帝のころからモンゴルがはいり、明末にモンゴルのオルドス部が占拠して以来、オルドスと呼ばれる。平均九〇〇メートルの草原、砂丘、塩湖におおわれ、遊牧の適地も多く、古くから遊牧民・漢民族の抗争地帯であった。

▼千戸所　衛所制の一組織。衛所制は百戸所(軍戸一一二人)、千戸所(一〇の百戸所、一一二〇人)、一衛(五の千戸所、五六〇〇人)で構成された。千戸所の責任者としておかれた軍官正千戸は、上位の軍官衛指揮に従い、下位の百戸とその配下の軍を率いた。

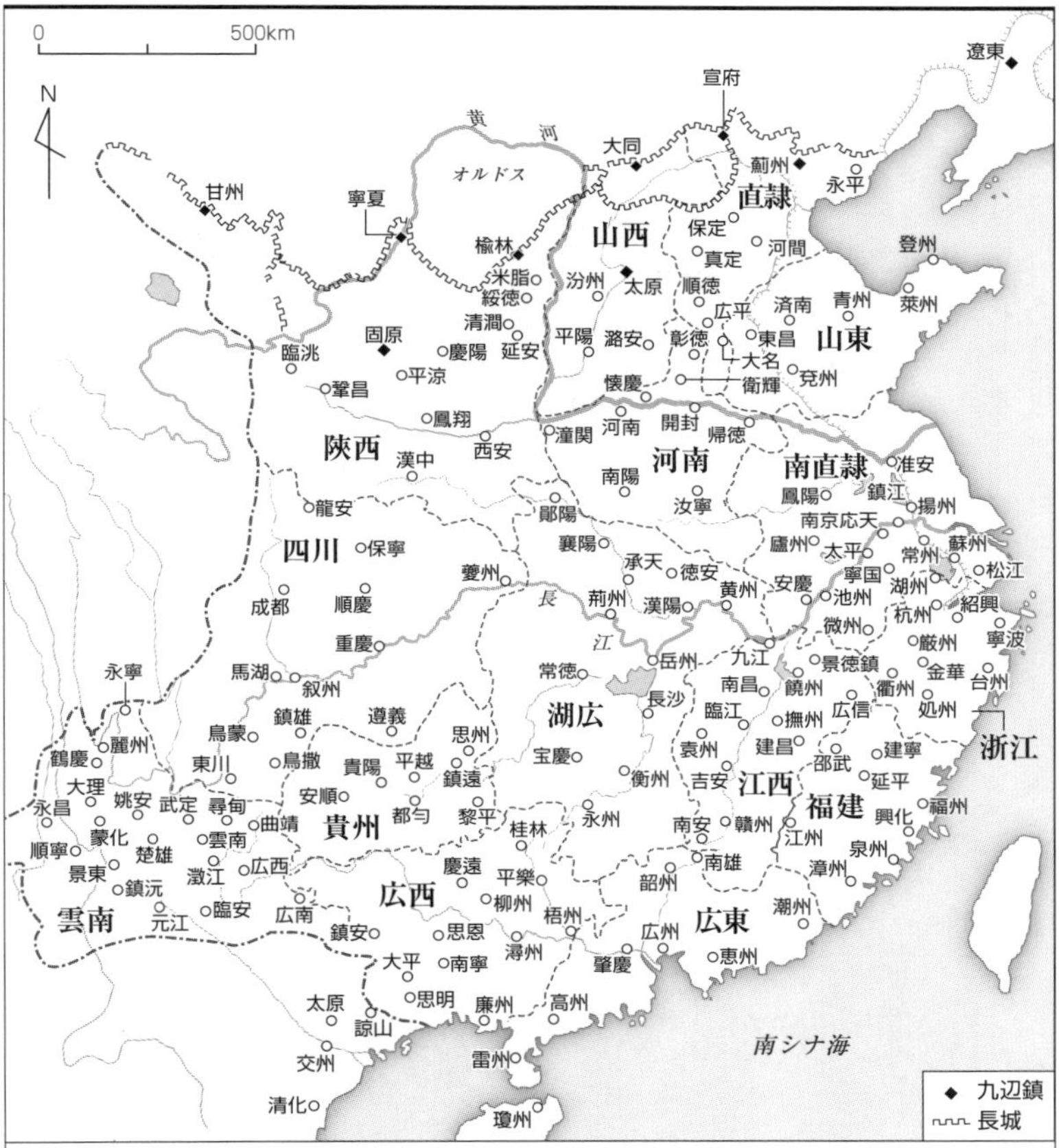

明末、行政区画図と九辺鎮　九辺鎮とは北に逃れた元の南下に備えて、北方から西方の辺境防衛のために設けられた九つの軍管区。のちには満州族の侵入に備える役割もかねた。はじめは遼東（遼寧省北鎮）、宣府（河北省宣化市）、大同（山西省大同市）、延綏（陝西省楡林県）の四辺鎮が建てられ、のちに寧夏（寧夏回族自治区）、甘粛（甘粛省張掖《ちょうえき》県）、薊州（河北省薊《けい》県）が、さらに太原（山西省寧武州）、固原（寧夏回族自治区固原県）が増築された。九辺鎮のトップで「北京の左肘」といわれた遼東鎮は、南の鴨《おう》緑江《りょくこう》から西の山海関までを管理し、二七九の城砦があった。なお直接的な北京防衛の中心は薊鎮と宣府鎮が担当した。

▼墩　侵入者を防ぎ、地域の人命・財産を守る建造物には堡・塞・墩・台などがある。この墩は延綏鎮黄甫川堡《こうほせん》(現在の府谷県《ふこく》麻鎮《まちん》)にあり、オルドスからの侵入に備えた。二〇〇五年八月に修復され、高さ五丈(約九メートル)ある。

▼三辺　三辺は陝西の延綏・寧夏・甘粛の三鎮をいう。

に管理された屯田がおかれているだけであった。東勝の役割が放棄されたため、南下・定住するオルドスのモンゴルに対応する防御は延綏鎮の役割となった。しかし綏徳州は長城よりかなり離れていたため、一四七三(成化九)年、都御史余子俊《よししゅん》は延綏鎮を楡林に移し、現在の陝北長城の原型となる楡林鎮城を建設した。八八五キロにおよぶ堡《ほ》・墩《とん》▲・塞《さい》などの施設を整備し、これらを連ねてオルドスからのモンゴルの侵入者(套寇《とうこう》)に対する防御線とした。その後、施設を次々に増設し、明末の万暦《ばんれき》年代になると、延綏鎮内には三段の長城(辺墻《へんしょう》)が建設された。延綏鎮の総兵数は八万、のちに五万となり、楡林鎮城は鎮所属の半数以上の兵力が駐屯する雄鎮となった。

　明長城の九辺鎮はモンゴル・満州族などに対する守備範囲が固定化され、相互に臨機応変に協力するのが難しかった。そのため明政府は諸鎮の軍事行動を協調させる必要に迫られ、弘治《こうち》年間(一四八八〜一五〇五)、総制官(のちの総督、一〇頁参照)を中央から派遣することになった。明末になると、緊急非常時に備え、いくつかの軍鎮を有機的に指揮するため、兵部尚書の肩書と大権をもつ三総督を設置した。すなわち薊遼保定《けいりょうほてい》総督・宣大《せんだい》山西総督・陝西三辺▲総督(総

延綏鎮長城略図 延綏鎮には慶陽・綏徳・楡林・延安の四衛が所属し、楡林はもっとも規模が大きかった。

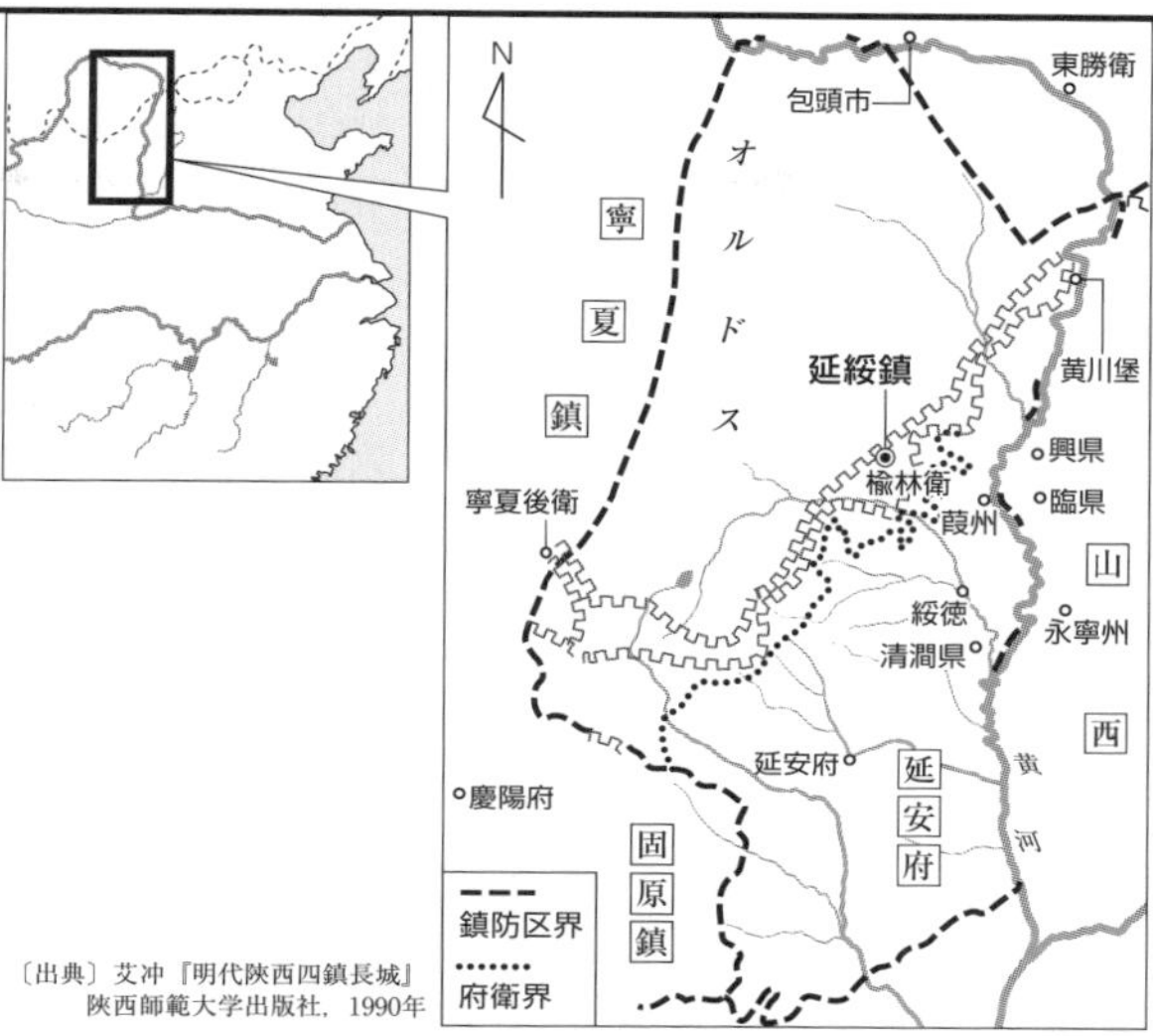

〔出典〕艾冲『明代陝西四鎮長城』陝西師範大学出版社，1990年

陝西省地勢区分略図

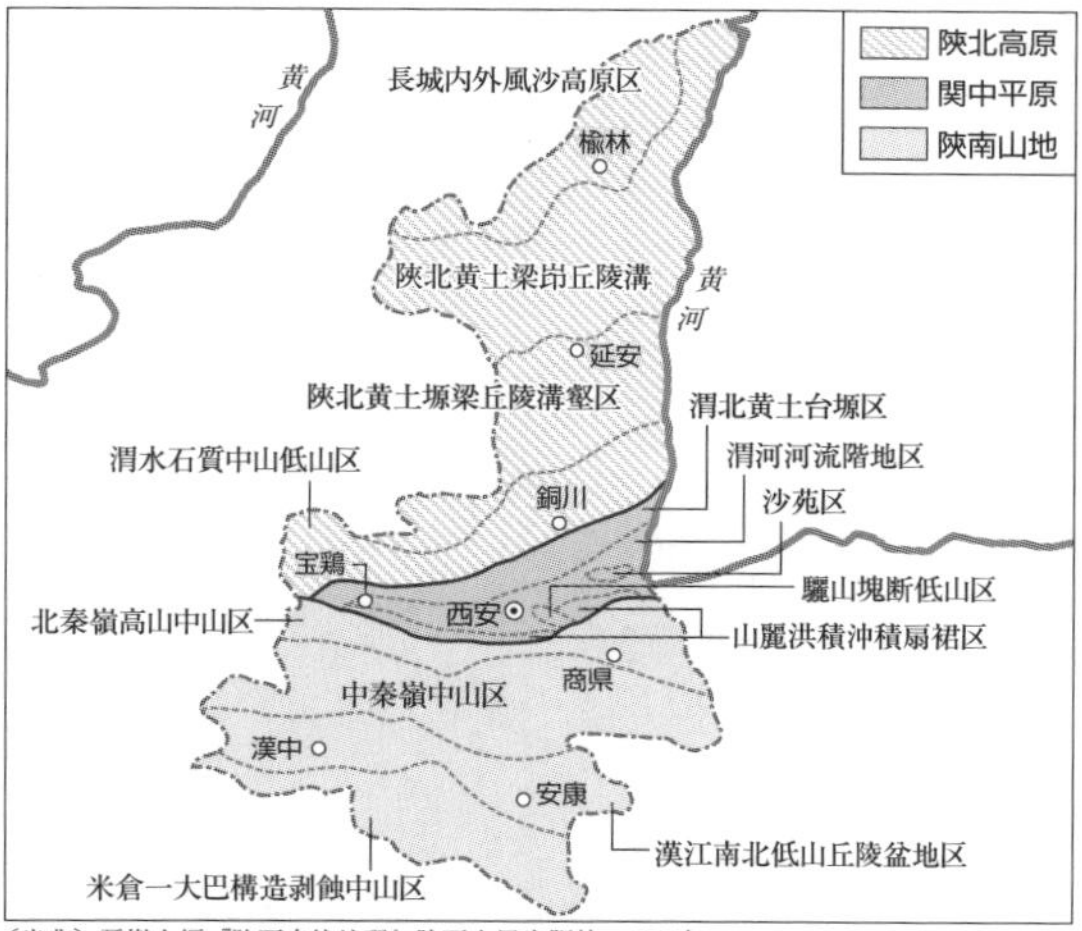

〔出典〕聶樹人編『陝西自然地理』陝西人民出版社，1981年

楡林鎮〈天下第一台鎮台〉中華民国年代〈右〉、二〇一二年〈左〉

督三辺陝西軍務)である。

　陝西三辺総督についてみてみると、モンゴルの侵入が厳しくなったため、弘治年代、県より昇格させた固原州に固原鎮を増設して、中央から総制を派遣した。次の正徳年代には総制は固原城に常駐して、固原・延綏・寧夏・甘粛の四辺鎮の軍務を節制し、巡撫《じゅんぶ》▲や総兵官《そうへいかん》▲をその指揮下におき、嘉靖《かせい》以降明終末まで陝西三辺総督の呼称が継続した。

　崇禎《すうてい》年間、中国各地では長らく天災・飢饉が続き、とくに陝西は崇禎元年から四、五年まで、連続して大飢饉におそわれた。こうした状況の報告と緊急の救済について、現地主要官僚から次々に上奏がなされた。しかしこれらの報告は真相をつくしていないと、一六二九(崇禎二)年四月、中央の礼部に属する官僚馬懋才《ばぼうさい》は延安府所属の故郷、安塞《あんさい》県についての非常事態を詳細に訴えている(『順治《じゅんち》・安塞県志』)。大意は次のごとくである。

　前年の一六二八(崇禎元)年は雨がなく穀物が実らず、山間の苦くて渋い蓬《よもぎ》を食していたがそれもつきると樹皮を剝いで食し、これもつきると山中の柔らかい石塊を食すも数日にして腹がはれ、やがて死ぬ。城外の糞壌(糞

▼巡撫・総督　明代の地方には三司(民政をあつかう布政使司、刑政をあつかう按察使司、軍政をあつかう都指揮使司)がおかれていたが、明中期になると辺防や税糧などの対策上、全体を統括する必要が生じた。そのため、三司以上の権力をもつ地方官の常駐が求められた。正統(一四三六~四九年)、景泰(一四五〇~五七年)にかけて巡撫が定制となり、都察院の都御史が派遣されて文官が民政・財政以外の軍務も統括。総兵官以下全員が、その指揮下におかれ一省の長官的存在となった。さらに中期から明末にかけて一省では解決できない軍事事件や民政(兵糧、塩政)を統括する権限をもつ総督が常駐職となった。巡撫と総督は「督撫」と併称された。清代には一省一巡撫、一省から複数省にまたがって総督がおかれ、地方の軍政・民政を統括するほか、多数の官職を兼任し大きな権力を有した。

だめ）には嬰児が捨てられ翌日には死んでしまう。城外に出た人は帰らず、その人肉は食されてしまう。死者が多いので数百人を収容できる坑がいくつも掘られる。数少ない郷里に残った者もいなくなった者の分も含めて重い税や徭役《ようえき》の徴収がふりかかる。これでは坐して飢え死にを待つより盗賊になるしかない。小県の安塞県がこのようであるから、飢荒《きこう》（飢饉による災難）のひどい延安・慶陽《けいよう》以北は押して知るべし、

崇禎帝はこれらの報告を受けて、呉甡《ごしん》▲を賑撫延綏《しんぶえんすい》に任命し、一〇万両を帯同させて一六三〇年の当初より、延綏鎮（延安府）の救済に向かわせた。呉甡はまもなく欠員であった陝西巡按御史《じゅんあんぎょし》（二〇頁参照）も兼務し、文武の官僚の監察と賑済《しんさい》（災民を救う、救済の意。以下すべて救済で統一）の権限をもって一六三二年の途中まで二〇カ月活動した。一六三〇年十月までに皇帝から賜与された一〇万両と現地で集めた義捐金を含む一二万余両を使い、延安府一九州県・鎮城三営・三六営堡の飢民・飢軍らおよそ一六万人を救い、まだ三万あまりの銀と手持ちの粟麦があるので延安と慶陽の飢民を救うと報告している。しかし、一人一金を分配しても一〇万人を生かすことができるだけで、しかも一斗の米が

▼総兵官　戦時における軍の総指揮官。副官たる副総兵官らとともに、明初、戦時に公・侯・伯の爵位層、都督から任命され、戦争が終われば任務が解かれた。中期以降は変事が常態化したため、将軍印が与えられた常駐武官となり、しだいに各地に増設された。彼らは中央から任命された文官である総督・巡撫の管轄下におかれた。

▼呉甡（一五八九〜一六四四）　江蘇揚州興化の人。一六一三年の進士。二二年御史となるも、宦官・魏忠賢にさからい除名される。崇禎初年、原官に復帰し、陝西で活躍する。三四年、右僉都御史に抜擢され山西巡撫となり、山西の反乱対策に成果をあげる。四二年には礼部尚書兼東閣大学士となり、首輔（宰相）・周延儒と勢力を二分する実力者となる。翌年すでに李自成、張献忠に牛耳られつつあった湖広に、督師として出動するよう崇禎帝から直々の要請を受けたが、湖広方面には中央の統制に服さない軍閥化した左良玉軍がおり、

七銭に高騰しているため五〇日生きながらえるのが精一杯であった。そのため、一六三一年七月、李継貞《りけいてい》▲は、さらに救済額を増やすよう上奏して、呉甡を支援したのである。こうした救済が社会改革の展望がないまま、つけ焼刃的におこなわれるのみでは限界があることを暗に指摘している。以下、有効な救済をおこなうため必死に延安府を駆けめぐった呉甡が残した貴重な上奏文（『柴庵疏《しあんそし》集《ゆう》』）と年譜（『憶記《おくき》』）を軸に、当時の状況を述べることにしたい。

延安府における流賊の構成

ここまででも述べたように、延綏鎮をはじめとした三辺の明軍が飢えて盗賊となっていった。その背景を、呉甡は次のように分析する。洪武帝の創始した衛所制は、戦闘を担当する兵と食糧自給を担う屯田兵で構成されるのが通常であった。しかし永楽帝以降、長城を防衛の第一線として多くの兵を集中させたため、彼らの生活基盤は屯田ではまかないきれず、屯田自体も中期以降混乱する。不足する兵の給料（兵餉《へいしょう》）は京運年例銀（毎年京庫から九辺鎮に支給される銀）と開中法《かいちゅうほう》▲で補われた。明の中期以降、衛所制は動揺し北辺の衛所も軍戸の不

それを憂慮してぐずぐず出動しなかった。結局職を退いたものの、十一月、雲南の辺境、金歯に流された。四四年、南明福王のとき、許されて復帰するが、まもなく自宅で没す。

▼**李継貞**（?〜一六四一）　江蘇太蘇州の人。一六二三年の進士。人物は強直で権威におもねらず直言した。前代天啓時代の実力者、宦官魏忠賢《ぎちゅうけん》にさからい除名される。一六二八年復帰し、兵部職方郎中（尚書、侍郎につぐ）に進み、兵部尚書の信をえる。崇禎四年に飢民を救済して賊を孤立させるため三〇万石を供出せよと主張し、呉甡を支援した。一六四〇年、清軍との戦いで水軍救援に失敗し除名される。翌年ふたたび兵部右侍郎に召集されるが、上京の途中、病をえて没す。

足を募兵で補わざるをえず、兵の質は低下した。明末には兵士の月給(月餉《げっしょう》)が足りずに遅配または無給状態となったうえ、万暦中期以降強大化した満州軍の長城こえに対する北京救援で精鋭がつきてしまった。そのうえ凶作までもがかさなり、飢軍が盗賊となったのであった。

延安府・慶陽府は耕地が少ない荒地の地域であるにもかかわらず、正規の税役のほかに満州軍討滅のための高額の臨時税として、土地に賦課される遼餉《りょうしょう》が割り当てられていた。逃亡者分は減額されず里甲に残った者に割り当てられ、結局のところ重税・重役化した。これに飢饉が加わり、一般の富者は貧窮化し貧者は盗賊となった。したがって辺軍の飢軍が呼びかければ、たちまち飢民は附合してしまうのである。呼びかけの対象となる飢民は個々ではなく大小の集団で、流民となる場合も指揮者に率いられた。また、郷里に残留し政府の徴税を事実上拒否するような指導者に率いられた例もあり、こうした武装した集団が土賊と呼ばれた。土賊の例としては、延安府清澗《せいかん》県の下級知識人(書生)趙四《ちょうし》児《じ》(綽名点灯子《あだなてんとうし》)、延安府宜川《ぎせん》県城堡の役人王左挂《おうさか》(綽名王子順)らに率いられた集団があげられる。

▼開中法　明代におこなわれた塩専売法で通商法の一種。明初、商人に辺境へ兵糧や馬などを納入させ、受け取った辺庫は手形(塩引)を塩商に交付し、塩商は所定の各産塩区の役所(都転運塩使司)に持参し塩と交換し、指定された行塩地(塩販売地)に行き販売した。明中期以降、銀の流通にともない、商人が直接、都転運塩使司に納銀すれば塩引が給付され、その銀が政府により各辺軍に軍餉として分配されることになった。しかし塩商が現地から撤退したため、屯田の管理がおよばず荒廃し、その土地を有力武将(豪弁)が侵奪した。そのため各辺軍の兵糧や馬などの供給が悪化し、明末にかけて辺軍状況が混乱していく。

次に駅伝▲の駅卒があげられる。陝西北部で流賊の続発に直面した給事中▲の劉《りゅう》懋《ぼう》は、駅伝の役のため困窮し逃亡する里甲の徭役としての夫役や馬戸・馬頭（一一頁の養馬戸参照）問題を解決し、郷村の解体を防ごうとした。崇禎帝の認可を受けて、駅伝徭役のうち私的に増加され正規の役に編入されてきた項目を一六三〇（崇禎三）年より全国で徐々に裁減した。これらは駅伝の役の総額の六割から七割に達した。一方で駅卒として雇われて労賃を得ていた山西・陝西などを中心にして多くの人々が、失業を余儀なくされそうになった。

ところが一六三一年末、北京を脅かした満州族の侵入で陝西の辺軍も動員され、戦費や軍馬の補給が緊急の課題となった。劉懋の考えでは裁減した駅伝項目分は徭役戸に還元するはずであったが、駅伝の減額分はこちらの緊急課題の戦費分にまわされることになった。したがって駅伝の役を担当する戸への過酷な徴収はもとのままで、馬夫に生活の糧を求めて失業した者は救済されず生活をいっそう悪化させることになった。呉甡はこの状況を「駅卒・馬夫の大半は賊に従い、遺剰するところの者〔残る者〕は駅ごとに数戸にすぎない」といい、駅伝の徭役戸も含めて駅卒・馬夫の多くが流賊に参加し、所属する馬なども賊

▼駅伝（駅逓・駅站）　駅には徭役により、官用・民用に宿舎・馬などが備えられていた。税の多い上戸を正戸とし、中戸・下戸には貼戸・補助戸として資金を出させた。正戸はいったん就役すると五年におよぶ場合もある重役で、弊害が多かった。十六世紀の嘉靖年間に駅伝の所要経費は税糧を基準として銀で徴収する駅伝銀化が進み、駅官は受領した銀により駅夫を雇募した。ただし駅伝銀は土地税の付加税的色彩をもち、のちには本来の使途から離れて北辺防衛費や軍隊の費用に流用される場合が多い。もっとも銀納化されない重役としての力役部分（馬戸・馬頭）は、明の終末まで里甲の役として存続した。

▼給事中　中央内部の六部官僚を監察する役人。

の所有となった状況を伝えている。

山西からの穀物流入が途絶えたことも影響し、陝西省北部地域の生存環境の悪化はいっそう進んだ。元来この地域での食糧自給は不可能で、米穀商人に頼るところが大であった。従来西安経由と、黄河対岸の山西の渡し場の市からと、二とおりの交易ルートから穀物が流入していた。陝西側では延安府の清澗《せいかん》県、綏徳《すいとく》州、葭《か》州に渡し場と市があり、山西側でこれに対応するのは臨県、興県、永寧州であった。とくに辺鎮の巨鎮である楡林鎮の兵士の食糧は、綏徳州の西河駅と山西永寧州間の渡し船による穀物の運搬に頼っていた。ところが山西側では、陝北からの流賊の侵入を防ぐために渡し場を封鎖し、渡し船を破壊してしまったため、商人と民間の流通が途絶えてしまった。このため三銭だった一斗米の値段は五銭、六銭、七銭としだいに高騰することになった。

初期流賊の状況

明朝倒壊につながる流賊の発生は、一六二七(天啓《てんけい》七)年、延安府白水県籍の王二《おうじ》が強硬な税の取り立てをする隣県、澄城《とうじょう》県の知県を殺害したことに始まる。その後、燎原《りょうげん》の勢いとなって延安府を中心に大小無数の流賊が発生していくことになる。当時の陝西軍事の総責任者が三辺総督楊鶴《ようかく》▲であった。延綏鎮内の主要な流賊は、東路の王嘉胤《おうかいん》と西路の神一元《しんいちげん》・神一魁《しんいっかい》兄弟である。中路は神一魁の部下で、彼らは「東西両路の戦いに慣れた辺兵」集団であった。

東路の軸となる賊、王嘉胤はもと延綏鎮定辺営の逃卒で、一六二八(崇禎元)年十一月、軍営脱走後に暮らしていた府谷の地で反乱をおこし、王二らも合流して、延安府以北から山西西北の黄河周辺にかけての一大勢力となった。一説に一六三一年、李自成が初めて加わったという流賊の賊首張存孟《ちょうぞんもう》▲も、さらに三〇年六月に中期流賊の軸となった高迎祥《こうげいしょう》(綽名闖王《ちんおう》、三一頁参照)、のちに流賊を二分する大勢力となる張献忠《ちょうけんちゅう》▲も、ともに王嘉胤集団に加わっていた。

西路の賊、神一元とその弟神一魁は一六三〇年一月、北京救援に動員された兵卒であったが、延綏営の辺兵が途中で反乱を起こし、ともに陝西に逃げ帰った。神兄弟は十二月に、四年間も給料が遅配していた延綏鎮西部地域の諸堡に呼びかけて三〇〇〇人を結集し、寧塞《ねいさい》・慶陽を攻略している。しかも彼らは本来明軍が防衛する対象であったオルドスのモンゴル族侵入者(套寇《とうこう》)とも結んで

▼**楊鶴**　武陵(今の湖南常徳府)の人。一六〇四年の進士で楊嗣昌《ようししょう》の父。二九年、兵部右侍郎に抜擢される。巡按御史として貴州の少数民族対策で実績をあげる。しかし直言をきらう官僚の忌避の動きを察知し、先に辞職する。次の天啓時代、右僉都御史として復活し南贛《なんかん》巡撫となるも、ふたたび魏忠賢にきらわれ除名される。二八年復活し、左副都御史に昇進。困難な状況に対する「図治の要」を提出し、小民・辺境・士大夫をよみがえらせる方法を説いた。二九年、死亡した陝西三辺総督武之望《ぶしぼう》の後任を任命するにあたり、中央の官僚は尻込みし、そろって楊鶴を推薦した。その後の結果は、本文にあるとおりである。

▼**張存孟**　初期、陝西流賊指導者の一人、不沾泥《ふていでん》は綽名。陝西延安府綏徳州の人。一六三一年、明軍に投降するも再叛し、翌年明軍にとらわれる。

いた。

なおこの陝西北部地域は漢民族と回・チベット・モンゴル諸族の雑居地帯であったので、こうした非漢民族の一部も反乱に参加していた。回民の流賊指導者で、のちに有力流賊となる馬守応《ばしゅおう》（綽名老回回《ろうかいかい》）はとくに有名である。崇禎初年の主要流賊集団はすべてが延綏鎮（楡林鎮、延安府）に関係する「軍・民」であり、指導者は戦いに慣れた辺兵出身者であった。

延綏救済の責任者である呉甡は有効な救済策を模索して、住民が流民化した全地域を踏査した結果、盗賊の中心（盗淵藪《とうえんそう》）は延安府属の清澗県・綏徳州・米脂県であり、いずれも天災・飢饉によって絶望的な状況であることがわかった。山西からの穀物の搬入がとまっており、綏徳州では「士・民・軍丁」の救済を待つ者が多かった。同州の招撫《しょうぶ》▲に応じた四〇〇〇人以上の飢民は全員救済したものの、当然定着はうまくいっていない。李自成・張献忠の出身地の米脂県には人民がほとんどおらず、賊に従った者は四割、流離・飢死した者は六割というありさまだった。呉甡の救済の話が伝えられて、米脂県では三〇〇〇人が帰県したが、村々の破壊は他県よりひどかった。一方この三州県と密接な関係に

▼張献忠　綽名は（西方）八大王。延安府米脂県の人。李自成よりやや早く一六三〇年、米脂県一八寨を率いて反乱を起こした。闖王高迎祥らと行動をともにし、四〇年楊嗣昌の大本営襄陽《じょうよう》を落とし襄王を殺害、楊を自殺に追い込む。四三年、李自成の大順政権に対抗し、武昌に大西政権を樹立。その後四川を中心に反清活動を展開するも、四六年豪格軍との戦闘中に戦死する。李自成とは最後まで対立し戦力を統一できなかった。左は張献忠塑像（四川省梓潼県）。

▼招撫　流民と流賊の続発に対し、明朝は招撫と勦討《そうとう》の組み合わせで対応した。招撫とは流賊の反乱をやめさせ、衣食を給してもとの生業（農民、兵士など）に復帰させることで、勦討とは力で打ち破ることである。

崇禎帝坐像(故宮博物院蔵)

ある楡林鎮は、山西からの米穀の流入がとまったため穀価が高騰し、餓死者が続出した。城中には死体が転がり、人肉の売買までもおこなわれるといった凄惨な状況に陥っていた。これらの地域は李自成の生活圏でもあった。

もともと流民化した集団は、「飢民は老を扶《たす》け幼をたずさえ」「男婦老幼をたずさえ」とあることからもわかるように、延安府の流賊の特徴は、家族を中心にした血縁と郷里の地縁の集団であった。これに楡林鎮の飢軍などが飢民に呼びかけて組織され、生存をかけて老幼も加わった集団であったので、長期にわたる遠距離の移動は難しく、有利な招撫の機会があればまとまって投降した。

明朝の対応

「徳を以て人民を治める」ことを至上の務めとする崇禎帝は、東北の清軍の侵入に忙殺されていたが、陝北の流賊の発生に対しても早急に鎮静化へ手を打つ必要があった。一六三一(崇禎四)年一月にはかさねて「聖諭《せいゆ》一道《いちどう》」を現地官僚に発し、中原の人民(赤子)に対し、ひたすら勦討をもって対処してはならないと命じた。

▼**洪承疇**（一五九三〜一六六五）　福建南安県の人。万暦の進士。流賊討伐に功をたて、のち薊遼総督として清と戦うも敗れ降伏する。清の大学士として江南平定に活躍する。

この時期、陝北の初期流賊に対処していた文官は、先述した三辺総督楊鶴を中心に賑撫延綏・陝西巡按呉甡、延綏巡撫洪承疇《こうしょうちゅう》▲らであった。明朝では明初期を除き、軍政は武官ではなく文官が統帥権を握る体制をつくりあげた。通常、辺軍の任務はモンゴル族やチベット族などの侵入に備えることで、内地の治安は屯田兵や郷兵が担当したが、この時期の大規模流賊に対しては辺軍が対応した。現地の文官・武官は崇禎帝の命もあり、流賊化しつつある赤子に対し招撫と勦討をどのように使い分けるか、難しい選択を迫られた。どちらの方法をとるにしろ、参加者を原籍に帰農させまたは原隊に復帰させ、地方の秩序を再建するのが目的であった。しかしすでにみたように軍隊も郷村も駅伝もすでに平時にもどる条件を喪失していた。各流賊集団を解散させ、郷村あるいは軍への復帰実現は絶望的であった。

流賊化を防ぐために、多いときには四〇〇〇人にもおよぶ大小頭目に率いられた集団を招撫し、頭目と部下をともに名簿に登載し、免死牌《めんしはい》（死を免除する証明書）と路銀を給付し、集団を解体せずに都市や一定地域の郷村に居住させた。しかし軍が去れば定着地域の防衛力は弱いので周辺を掠奪（打糧）したため、残

▼飢民の内容　火器をもち弓馬に熟練した回賊(回民〈現在の回族〉の反乱者)・山賊・鉱賊(鉱山の反乱者)・土賊・辺軍・家丁(武将の私的兵士)はかならずしも飢民に属さないから、飢民か否か仕分けの必要があると呉甡は説いた。

存している住民は彼らを明公認の賊「官賊」と呼んで招撫を恨んだ。一〇万両で救済を命じられた呉甡は、救済の対象は飢民であるが、飢民の内容▲を厳密に限定する必要を説いた。有効な救済を実施するためには、流賊は解散させねば意味がない。そのためには、勦討を先にして指導者を倒し、招撫はそのあとにすべきである、と。洪承疇らも実戦の経験から呉甡と同様の考えをもっていた。

さて、陝西における流賊対策の総責任者楊鶴は、一六三一年十月、招撫を中心にしたため流賊を拡大させたとして逮捕された。楊鶴は元来戦闘に不慣れではあったが生来真面目な文官の指揮官で、三辺総督の直属軍(標兵)を中心に陝西を転戦した。一六三〇年から翌年にかけては、三辺の軍と将軍が北京救援にでて多くが不在であり、徹底した勦討を実施する客観的条件はなかった。彼が戦果とした王嘉胤・神一魁の招撫も、勦討に有利な最終的局面であるにもかかわらず、賊首との取引で彼らの部下に対する掌握力を頼り、集団を解散しないまま安易な定着をはかった。そのため彼らの部下の乱暴狼藉は続き、当地の住民は不満をうっ積させていった。皇帝の恩と徳をほどこす意図は破綻し、両集団はふたたび蜂起している。

連続する楊鶴への糾弾に対し、ついに崇禎帝はともに行動する巡按▲呉甡に調査を命じた。呉甡は楊鶴を凡庸な総督と結論づけて交代の必要を説き、一方、洪承疇は楊鶴の減刑嘆願を上奏している。楊鶴はともに戦った両者の上奏を自身の『奏議冊《そうぎさつ》』に収録し、呉甡を恨まず、また自身の後任に洪承疇を推薦している。

李自成一族と李自成の生い立ち

ここで、李自成一族と米脂県との関係についてふれておこう。後述するように李・艾《がい》・賀《が》らの姓は米脂県の大姓であるが、李自成の近親の李姓は墓をあばかれ、あるいは大量に虐殺されて詳細は不明な点が多い。中華民国・中華人民共和国各時代の調査結果や地元の地方史誌などによると、祖先の籍は米脂県李家站村太安里《たいあんり》二甲で十世代農業に従事していた。勤勉であったので米脂県ではそこそこ富裕になったという。しかし李自成の四世代さかのぼった時期に、陝北の重要な国家の徭役・養馬戸▲に指名され、その後二年以内に明より預かった母馬と仔馬が死亡、弁償のため手持ちのすべての銀と土地をとられて没落した。

▼**巡按**（御史）　明は皇帝の独裁を強める一環として、手足となる官僚の監視・糾察・考査のため都察院を設けた。中央内部の監察には六科給事中をおき、六部（吏・戸・礼・兵・刑・工）の官僚を、外部は一三道に分け、その各道と茶馬などの特殊行政地域に監察御史を派遣した。この皇帝の命を奉じて地方を巡察する監察御史を巡按御史という。給事中と監察御史を科官という。

▼**養馬戸**（馬頭）　明代では駅で使用する官馬を、民に養育させる養馬戸の役を編成した。明初は人丁の多い家を馬頭とし何戸かに資金を出させて、預かった官馬の倒失の場合の買補に備えた。重役で何年にもわたるため、その後さまざまな改革を試みるも、倒失した馬の補償という性格は共通であったので、馬頭・養馬戸に充当させられた上戸は没落する場合が多かった。

このため曾祖父・李海《りかい》らは同族のいる米脂県長茆村《ちょうぼう》（現在の横山県《おうざん》）に移動した。同族の援助を受け熱心に荒地を開墾し、余剰の食糧を近くの町に売り、農閑期には武鎮から磁器を買い求め近隣に売却した。勤勉な労働の結果、食糧と金がたまり同村の富裕戸の仲間入りをした。しかし干ばつで農作業が開始できなかったある年に、運悪くふたたび明の養馬戸を割り当てられた。しかも連年の干ばつで馬が連続して死に、賠償のためまたしても土地と金を失って破産してしまう。失意の祖父・李海、父の李自立《りじりつ》は病床に伏せたという。李自成の幼年時代は極貧農の状況にあった。なお李自成の生誕地は米脂県の李継遷寨《りけいせんさい》（西夏の基礎づくりをした党項族《タングート》▲李継遷の故郷）で、両親が所用で移動中に母が産気づき、付近の土窰洞で李自成を生んだといわれている。

李自成、流賊に参加

李自成がどんな理由で、いつごろどの流賊に加わったかには諸説があり、はっきりしない。そのうち、もっとも早い時期とするのは一六二八（崇禎元）年の王嘉胤で、二番目は二九年で高迎祥、ついで三〇年の王左挂・苗美《びょうみ》▲あるいは張

李自成乗馬像（米脂県の李自成行宮内、真武殿）

▼**党項族**　チベット系民族。吐蕃の圧力でしだいに青海方面から東遷した。夏州方面の平夏部長の拓跋思恭は黄巣の乱時、唐を援助し節度使を授かり、その功績で皇室の姓李を賜った。宋初、李継遷は宋と対立し、李元昊《りげんこう》にいたり、西夏国を建国した。のちチンギス・ハンに滅ぼされる。

▼**苗美**（?〜一六三〇）　流賊王左《おうさ》桂《けい》の部将。一六三〇年、王左桂が明に投降後、部隊を率いるも、同年清澗県で殺害される。

●—**李自成の住んでいた窰洞**　現在は土砂で埋まっている。

●—**李自成行宮裏山の窰洞群**

●—**官庄艾氏庄園旧址**　李自成は幼年期、艾氏の牧童であった。

●—**李自成祖先の墓**(左上の岡)

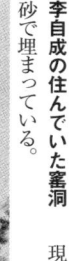

存孟、もっとも遅いのは三一年の苗美または張存孟に参加したといわれるものらである。流賊に加わる直前の職業についても軍卒（兵士）説、駅卒（駅馬夫）説など、清初以来諸説がある。

陝西についてほとんど知見のない江南出身の知識人が清初に著わした多くの著書、例えば呉偉業《ごいぎょう》『綏寇紀略《すいこうきりゃく》』▲などは軍卒説をとり、駅卒説についてまったくふれていない。正史『明史』流賊伝（二八頁参照）は駅卒・軍卒両方の体験のすえ、一六三一年、兄の子である李過《りか》とともに高迎祥軍に加わったと整理しているものの、年月の整合性が難しい。

駅卒説では一六二六（天啓六）年、生活のため米脂県の銀川駅の駅卒（駅書・馬夫）に応募して採用され、おもに軍事情報の公文書の輸送に従事していたとする。しかし前述したとおり生活環境は劣悪で、李自成も郷里では支配層から警戒される厄介者だったという。里人はわざと李自成を里長に推《お》して税徴収の責任者とした。この時期、誰が里長を担当しても規定の税額納入は不可能であったから、里人は彼が官から厳しく追及されるように仕向けたと推察できる。本書での筆者の立場は、以下で述べるように、一六三一年十一月、明に投降して

▼呉偉業『綏寇紀略』　呉偉業（一六〇九～七一年）は、江蘇省太倉州の人で一六三一年の進士。明滅亡にいたる原因を分析して『綏寇紀略』を著した。清朝出仕前に完成していたが、実際の出版は呉偉業の死後三年をへた七四年であった。編年体でも紀伝体でもなく、各巻に明滅亡の原因をつくった人物・事件・事項を配置し、表題は各巻を象徴する地名を用いた。明末の流賊研究の基本史料の一つである。同著内における李自成軍卒説は、以下のとおりである。
「米脂県郷里内の大姓艾同知の負債を返せず、取り立てをめぐり彼を殺害したとか、県の下役人（胥吏）との不倫関係に怒って妻を殺害したとか、いずれにしろ郷里にいられなくなり甘粛総督梅之煥《ばいしかん》軍の配下となった。しかし北京救援の途中、直属上司が李自成の部下に対して理不尽な対応をとったことに怒って彼を殺し、あるいは当地の金県知県を殺害し穀物を奪った。やむをえず叔父の闖王・高迎祥を頼り、闖将を名乗った」という。

明代全国駅路図（一五八七年の状況）

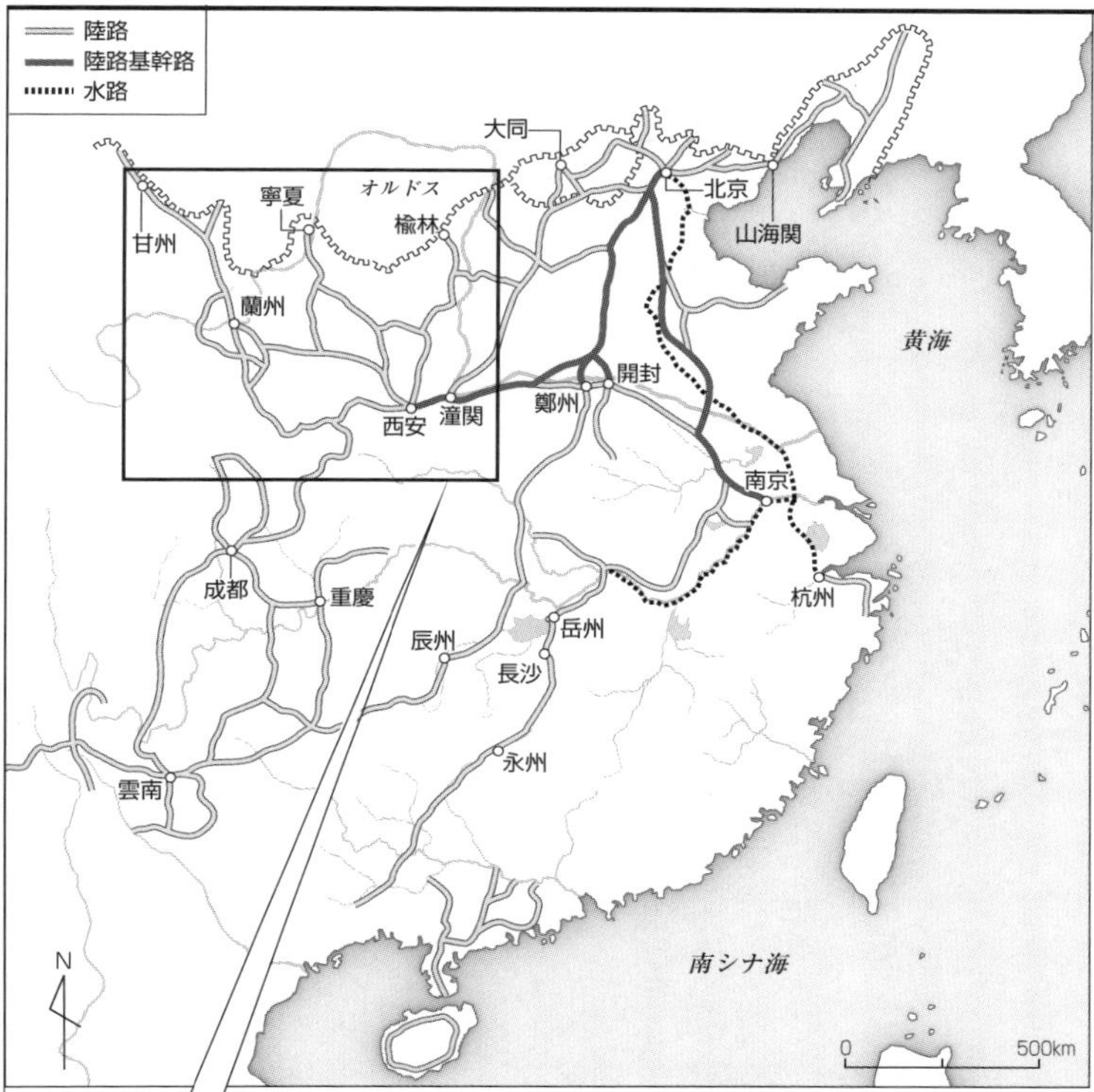

〔出典〕蘇同炳『明代驛遞制度』中華叢書編審委員会，1969年

西安―楡林間の駅路と駅名

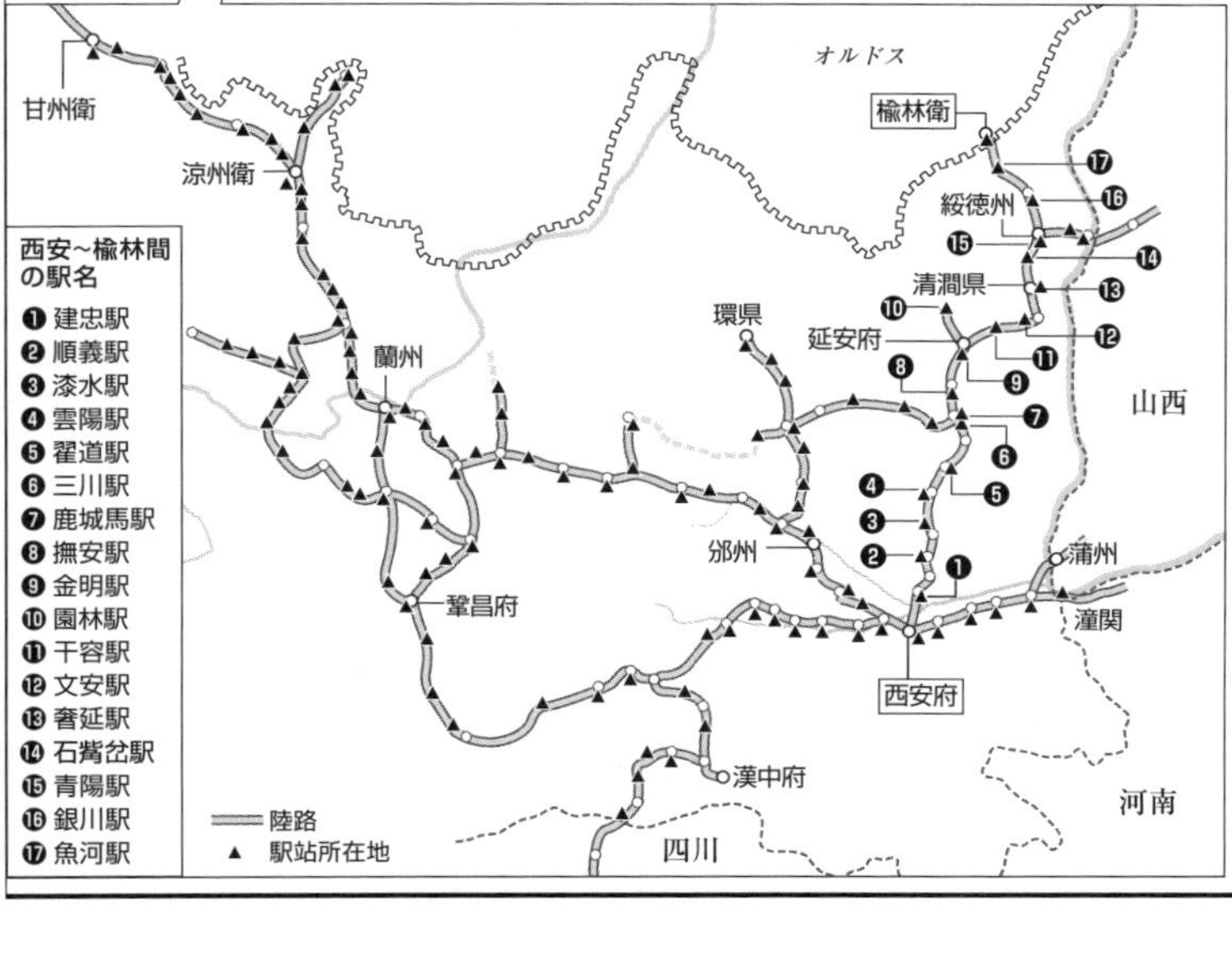

▼明の死活問題　このルートが不安定となり、次のような具体的問題が生じた。陝北の対モンゴル防衛の拠点楡林鎮へ、西安などから調達した兵餉の輸送が大幅に遅れた。
　流賊・モンゴル・清軍に関する緊急の軍事情報（塘報《とうほう》）は駅馬の使用ができず、伝令兵が徒歩で伝えるために大幅に遅れ、征調の失敗につながった。


いた流賊の張存孟が再蜂起し綏徳にやってきたさい、銀川駅卒失業後の李自成がはじめて流賊に参加したと考える。

　明代の全国駅路をみると、基幹となる主要路は北京―南京、北京―西安で、次要の基幹路の一つが西安―延安―楡林鎮であった。そのため、駅逓《えきてい》費用の裁減が決定したのちも、陝北のこのルートの維持は明の死活問題▲ともなった。延綏巡撫の洪承疇は、削除するはずの駅伝の站銀（駅伝銀）支給を要請して、李自成も属する米脂県の銀川駅と綏徳・清澗の計三駅を当面救った。さらに呉甡は別の八駅も一六三一年の後半、そして三二年の前半期に裁減して、軍餉にあてる分の一部を当該駅駅卒の給料へ振り替える決定を伝えている。

　一六三一年十一月、米脂県知県孫縄武《そんじょうぶ》もこのことに言及している（『戍北楼耐《じゅほくろうたい》苦志《くし》』）。この史書では、このとき駅卒が大幅に縮小され、良質な駅卒をえるのに厳密な選抜が実施されたことを伝えており、李自成はこのさいの選考で選ばれなかったと思われる。延安府の地方誌にも李自成について「（一六三〇年六月）尚駅卒たり」（『延綏鎮志』）、「（一六三一年十一月）駅逓廃弛《はいし》し、官民交《こもごも》病む。降賊不沾泥また叛し、安定を陥し……綏徳に走る。銀川駅馬夫李自成、往きて之に従い隊長と為る」(『道光・安定県志』)と書かれ、さまざまな困難な状況下におかれながらも李自成はぎりぎりまで米脂県で駅卒として生計を立てようとしていたのがわかる。

李自成の人物像

明を滅ぼし一日皇帝として即位するも、まもなく死去した李自成の伝記は不明な点が多く、清側からも漢民族の知識人からも悪意に満ちた内容が挿入されている場合すらある。李自成は幼年時代を貧農の子として過ごし、やがて郷里の大姓である艾《がい》氏の牧童となり生計を助けていたが、羊の盗難の疑いをかけられ鞭打ちを受けている。先述したように成人しても生活の困窮から、駅卒時代に郷紳《きょうしん》艾氏(郷紳艾同知▲)から借金して返せず、厳しい体罰を受けている。

李自成は少年時代、一時篤志家の援助で文字を学ぶ機会があり、覚えがよかったといわれる。しかし貧農の環境では継続が難しく、彼自身も武術の習得のほうに関心があり、仲間と黄土地帯を走りまわっていた。成人すると背は高く体格はがっちりとし、顔立ちは頰骨が突出して梟《ふくろう》のような目つきで、すくも虫

▼**艾同知**　同知は副知事の意。艾一族の某氏はかつて挙人から某府の同知となったので、引退後も郷里では郷紳として、このように呼称された。

のような形の鼻（わし鼻）をしていた。山犬（豹・豹虎）が吠えるような声でゆっくりとしゃべり、走る姿は奔馬のようであったという。性格は疑い深いが大局をみて判断し、勇敢で行動力があった。「己を捨てて義を重んじる」ので仲間からの信頼が厚かった。駅卒時代、彼らが困難に陥った李自成を推戴したといわれるが、李自成軍卒説のなかで語られる、部下に対する不条理なあつかいに激怒して上官を殺害したという伝承（『明史』流賊伝▲）にも、李自成の性格の一端が投影されている。しかしながら米脂県当局と艾氏をはじめとした支配層にとっては、李自成らの日常行動はやっかいな存在となっていた。

　のちの李自成集団につながる、この時期の李自成周辺の仲間についてはあまりはっきりしない。延安府で流賊としての活動の開始が張献忠らよりやや遅れた理由にも、このあたりが関わっているのかもしれない。わかっているのは、李自成の兄の子で一貫して行動をともにした、ほぼ同年齢の李過、李自成の戦闘における戦術面を支えた腹心で藍田県の鍛冶屋（鍛工）劉宗敏《りゅうそうびん》、のちに李自成軍営全般を仕切った田見秀《でんけんしゅう》らである。

▼**『明史』流賊伝**　正史『明史』は、清初の編纂開始から一七三九年の勅定を受けて刊行されるまで九〇年あまり、清初より四代の皇帝が関わった。流賊伝の執筆者は浙江蕭《しょう》山《ざん》県の人、毛奇齢《もうきれい》（一六二三〜一七一三年）で、彼は一六七九年翰林院検討を授かり『明史』編纂に参加した。執筆項目の分担はくじ引きによって決められ、彼は流賊伝を担当することになる。執筆準備のため『綏寇《すいこう》紀略』を軸として当時の諸書の検討、独自の史料収集により『後鑑録《こうかんろく》』を著した。彼の明史館での作業は七年間であったが、内容はそのまま後任に継承された。

②―大流動期の李自成とその集団

洪承疇の戦略と戦術

一六三二〜四〇（崇禎五〜十三）年、優勢な明朝軍事力に対し劣勢な流賊は、組織的に自立した多くの集団に分かれ、ときに協力しながら華北の広範な地域を流動して対抗した。史料では流賊各集団のこうした行動を「流動して定まらず、分かれては合し合しては分かれる」と表現する。彼らは明軍に投降と蜂起を繰り返しながらかろうじて生存し続けた。

一六三二年の春、楊鶴《ようかく》のあとを継いだ三辺総督洪承疇《こうしょうちゅう》は、楊の招撫《しょうぶ》を軸とした方針から、勦討《そうとう》を軸にした招撫政策に転じた。明軍の集中攻撃により、陝《せん》西《せい》の有力流賊張存孟《ちょうぞんもう》らが討滅されると、陝西の流賊は明軍の攻撃を避けるため山西側の黄河封鎖体制を突破する渡河作戦を本格化した。同年八月、渡河して山西に集結した主要な流賊集団の指導者は後述（四二〜四七頁参照）するように「賊頭掌盤子《しょうばんし》」と呼ばれ、その数は三六集団（三六家）を数えた。中心は趙《ちょう》勝《しょう》（綽名点灯子《てんとうし》）のもとの部下、王自用《おうじよう》▲であったが、翌三三年四月に明軍の攻撃

▼**王自用**（?〜一六三三）　綽名紫禁梁。陝西宜川の人（一説に綏徳《すいとく》の人）。一六三一年王嘉胤《おうかいん》に従い、彼の死後流賊の中心的存在になる。

で死去した。流賊は明軍の追跡を避けて、さらに河南に向け黄河をこえ、戦線は華北の広範な地域に拡大していった。この直前の三月に、崇禎帝は三カ月で流賊を討滅するよう命じ、多くの軍費を与えるほかに対清戦役で著しい成果をあげた昌平副総兵の左良玉《さりょうぎょく》▲を移動させて、以後河南の流賊対策の軸とし、大同総兵の曹文詔《そうぶんしょう》▲に山西・陝西の軍を指揮させ両者の協力に期待した。

流賊の行動範囲が陝西・山西・河南・湖広・四川に拡大したため、明朝はこの地域の軍事指揮権を統一しようと、一六三四年、延綏巡撫《えんすいじゅんぶ》の陳奇瑜《ちんきゆ》▲を五省軍務総理に任命した。兵部尚書の肩書により現地で総指揮の権限を与えたのは、明の伝統である文官優位体制にもとづく処置であった。彼は陝西布政使の時期に政績著しく、しかも用兵の知識もあった。この大役に就任以後短期間で何度も勝利をかさね、流賊の討滅も間近いと報告し、崇禎帝を喜ばせた。同年六月、流賊主力との戦いで、高迎祥《こうげいしょう》・張献忠《ちょうけんちゅう》・李自成・羅汝才《らじょさい》▲らを陝西六安州の「四面絶壁にして猿も鹿もいない」車箱峡《しゃそうきょう》に追い込み、全滅させる機会をえた。この窮地に部下の意見を受け入れた李自成は、陳奇瑜周辺に賄賂をばらまき投降を申し出た。真の投降と解釈して許可した陳奇瑜らは、李自成軍を武装解除せ

▼左良玉(一五九九〜一六四五)　山東臨清の人。兵卒出身。清に対する戦功で副将に昇進。崇禎末には流賊討伐の功で寧南伯《ねいなんはく》に封ぜられる。南明の弘光《こうこう》政権では有力軍閥として、反馬士英《ばしえい》派の後ろ盾となる。

▼曹文詔(?〜一六三五)　山西大同の人。清軍の侵入に備え遼東に従軍し、一六三〇年延綏副総兵に栄転す。三一年、当時の有力流賊王嘉允《おうかいん》討滅の功で臨洮総兵に抜擢され、山西・陝西の明将を指揮した。

▼陳奇瑜(?〜一六四五)　山西保徳の人、万暦進士。一六四五年、南明の唐王から東閣大学士として召されるも、その直前に死す。

▼羅汝才　綽名は曹操《そうそう》。延安《えんあん》府の人。戦闘にたくみで、流動戦時期の典型的な大掌盤子の一人。当初は高迎祥と、そののちには張献忠と、一六四一年以降は李自成と行動をともにする。戦闘での李自成との協調関係は「左右の手のごとし」といわれ、

ずにこの険から出したため、たちまち反撃され大敗北を喫した。この責任をとらされ陳奇瑜は獄にくだり、辺境の軍卒とされることになる。

一六三四年十二月、陳にかわり五省軍務総理に任命されたのが陝西流賊征討を指揮してきた洪承疇で、本来のエースの登場であった。洪は陝西三辺総督を兼務し、河南・山西・陝西・湖広・保定《ほてい》という広大な地域を管轄した。大流動期、流賊側では有力集団がおよそ九〇あったが、最強の集団で影響力のあったのは高迎祥であった。彼の軍には政府軍の投降兵が多く武器も整い、軍の規律が行き届いて戦闘力もあり、他の流賊集団の比ではなかった。したがって明軍側では破格な懸賞金をかけても彼をとらえるのに躍起であった。

洪承疇が流賊征討の最高指揮官に就任した直後の一六三五年一月、滎陽《けいよう》で一三家七二営の流賊首脳による意見交換がなされ、分散して戦う方針が決定されたと伝えられる(この大会の存在を否定する研究者も多い)。高迎祥ら主要な流賊は明の開祖朱元璋《しゅげんしょう》の出身地で、中都▲がおかれていた安徽《あんき》の鳳陽《ほうよう》を攻撃して朱元璋の祖先の墓を掘り起こし、同地に収監されていた「明室の罪宗」(明の法律に違反してとらわれていた皇族)を釈放した。この行動に驚愕した崇禎帝は天と祖

中原の主要都市を陥落させた。性格からいえば李自成は酒色を好まず、粗衣粗食にたえ部下と苦楽をともにしたが、羅汝才は妻妾を多数かかえ、服装も派手で女子の楽隊数部を所有した。しかし封爵らの権威をきらい、「天下を横行するを快となす」「百姓となって田を耕す」といった言葉を残している。李自成が政権を樹立する段階で、羅の存在は障害となっていた。

▼中都　一三六九年、朱元璋は首都南京(応天)、北京(開封)、中都(鳳陽)の三京体制樹立を宣言した。北京は名目的であったが、戦乱で荒廃した鳳陽は朱元璋の故郷であったので、南京の二分の一の規模の城と役所をおき、人口増加のため富民を含めた人々を強制移住させ、農業の振興をはかろうとした。しかし七五年、民衆の負担増を理由に中都造営を中止し、以後は明の精神的拠り所として皇陵(父の墳墓)とそれらを管理する中都留守司をおいた。

中都の風景

先に詫びて「己を罰する詔《みことのり》」をくだし、四月には洪承疇に陝西軍の出動と六カ月以内に流賊を討滅するよう命じた。国内問題を早期に解決して清の脅威に対応しようとした焦りもあり、勤勉で真面目ではあるが経験の浅い崇禎帝は、功をあせってせっかちな対応を続けたのであった。流賊側は明軍が河南に集中したので、防備の薄い陝西に大挙して移動した。一六三五年六月、甘粛寧州を包囲した李自成軍に対し洪承疇の主力軍が派遣されたが、戦闘中に流賊側の伏兵に遭い、直属の正総兵張全昌《ちょうぜんしょう》、副総兵艾万年《がいばんねん》らの指揮官と多くの兵士が犠牲になった。

このとき戦死した艾氏一族の艾万年は李自成との因縁が深く、故郷の米脂《べいし》県ではかつて李自成の行動を知県に訴えて逮捕にまで追い込んだこともあった。李自成が激しく艾万年の軍を攻撃した理由について、艾万年は部下に「(李)自成は故《もと》我と怨みあり、今寨《さい》を攻めるは我の為なり」と語っている。

さらに洪承疇にとって打撃だったのは「明季《まつ》の良将第一」といわれ、洪承疇の戦功に長く関与した直属の正総兵である曹文詔を失ったことであった。曹文詔は信頼する部下の艾万年の弔い合戦をすべく洪承疇に直訴して出陣したものの、真寧《しんねい》の激戦で李自成軍に追い込まれ自殺の道を選んだ。呉甡《ごしん》によると曹文詔は忠義と勇敢さをかね備え、所属の軍士に対しては規律が厳正で、郡県にいたっても民間からの掠奪禁止を徹底させていたといい、明末の政府軍ではめずらしい存在であった。結局、崇禎帝の六カ月以内の流賊全滅命令は、現地総指揮官の洪承疇の焦りとなり、多くの指揮官と兵を失うことになった。

流賊の行動範囲が長江以北の全域に拡大し、洪承疇一人ではカバーしきれなくなったため、湖広巡撫の盧象昇《ろしょうしょう》（三八頁参照）を五省総理に昇格させ、おもに盧が東南を、洪が関中を担当することになった。明は流賊対策を強化するため一六三六年、首都北京を含む順天府の副知事、孫伝庭《そんでんてい》▲を抜擢して陝西巡撫とし、洪承疇と連携して陝西・河南・四川方面の流賊対策の軸とした。また崇禎帝は満州軍と対峙していた最強軍団の東北辺兵、天津、関寧《かんねい》（山海関《さんかいかん》▲・寧遠《ねいえん》）の大量の鉄騎兵を、遼東総兵祖寛《そかん》に指揮させて中原に送り、盧象昇と協力させて戦果をあげた。

流賊の雄、高迎祥らは長江下流域から河南に移動し、他の有力流賊と合した。しかし官軍が集中したため河南を避けてふたたび陝西に侵入した。これを追っ

▼孫伝庭（一五九三〜一六四三）　山西代州振武衛《しんぶえい》の人、万暦の進士。

▼山海関　万里の長城の東端に位置し、中国本土から東北に通じる重要な関門。山海関の名は明初、関城を築いて山海衛をおいたのが始まり。天家第一関と称される。一六四四年、呉三桂《ごさんけい》が投降するまで、清軍はここで食い止められ、この方面から中国本土へ大規模な侵入ができなかった。

て洪承疇、新任の巡撫・孫伝庭らの官軍が彼らを追い、一六三六年七月、ついに現在の西安府盩厔《ちゅうちつ》県にある黒水峪《こくすいよく》に追い込み、激戦のすえ、孫伝庭の招撫方針にのった一部の流賊の裏切りで病床の高迎祥は捕捉され、その後、厳重な警護のもとで北京に送られ公開処刑に処せられた。絶対的な影響力があった高迎祥の死で、一部有力流賊が動揺して明に投降する事態が続いた。

楊嗣昌の登場

一六三六(崇禎九)年、長城を越えて侵入してきた清軍が撤退したのち、崇禎帝は中原と西北の流賊を早期に消滅させる戦略をたて、これを実施できる人材の登用を急いだ。この趣旨で抜擢されたのが楊嗣昌《ようししょう》▲である。かつて、初期陝西流賊対策の責任者としてその招撫政策の失敗を問われた三辺総督楊鶴の子であった。楊鶴はその後、配流先の江西・袁州衛で死去している。楊嗣昌は一六三四年、宣府・大同・山西軍務総督に任じられたが父親の死で帰郷して喪に服し、さらに母親の死で喪が延長された。以前から彼は国家の危機を救うべく、冷静な頭脳をもって独自の見解を何度も上奏していた。その内容に注目していた崇

▼**楊嗣昌**(一五八八～一六四二)　湖南常徳の人。万暦の進士。楊鶴の子。

禎帝は現在の危機に対処すべき最適な人物として考え、喪が明ける前にもかかわらず兵部尚書に抜擢し上京させた（奪情《だつじょう》）▲。一六三七年三月に上京すると、流賊討滅の戦略「四正六隅十面大綱《しせいろくぐうじゅうめんたいこう》」とこれを実現するための増兵一二万と勦餉《そうしょう》▲として戦費二八〇万両を提案した。

この戦略とは、流賊の活動がさかんな陝西・河南・湖広・鳳陽を「四正」としてこの地の巡撫に勦討をおもに担当させ、延綏・山西・山東・応天（南京）・江西・四川を「六隅」とし、各巡撫に自己の地域に流賊が侵入するのを防ぎ、臨機応変に勦討に協力させる、というものであった。陝西三辺総督洪承疇と中原地区を管轄する五省軍務総理盧象昇は直属の兵（標兵）を率い、流賊の動きを追って勦討の主軸を担う。まさに机上のプランとしては水ももらさぬ完璧さで、崇禎帝はこの戦略構想をおおいに喜んだ。

楊嗣昌は、このプランの実施責任者として熊文燦《ゆうぶんさん》▲を推薦した。彼は福建・両広（広東・広西）巡撫を歴任し、その間一六二八年、日本の平戸に在住していた海賊・鄭芝竜《ていしりゅう》を招撫して武官（遊撃）につけ、対立する海賊の劉香《りゅうこう》らを討伐し南の海域を鎮静化させた実績をもっていた。一六三七年、崇禎帝は熊を兵部尚書

▼**奪情**　喪中にもかかわらず、国家の大事で皇帝が出仕を命ずること。

▼**勦餉**　流賊討滅のための新たな土地に対する徴税。

▼**熊文燦**（一五九三〜一六四〇）　四川永寧衛の人。万暦の進士。一六二八年、右僉《うせん》都御史に任命され福建を巡撫する。

に任じ、王家禎《おうかてい》にかえて南畿・河南・山西・陝西・四川・湖広の軍務総理に任命し、鄖陽《うんよう》▲に駐屯させた。体制を整えると、楊嗣昌は崇禎帝に一六三七年十二月から三八年二月までの三カ月で流賊討滅を完成させると約束した。

この楊嗣昌のプランに対し、これまで前線で戦ってきた洪承疇や、とくに陝西巡撫の孫伝庭は反対した。理由は、「増兵一二万といっても辺兵の精鋭は、北京救援や流賊への対応でなきに等しく、新たな徴税である勦餉を実施すればさらに民を流賊に追いやってしまう。今は投降を拒否する主要な流賊、李自成・張天林（綽名過天星《かてんせい》）▲・混天星《こんていせい》らが陝西に集まっているのだから、まず官軍を陝西に集中させるべきである」といったものであった。さらに、「この楊嗣昌のプランは机上の空論（空張之網）」とまで酷評したのである。こうして中央と現場の首脳部との間に早くも不協和音が生じた。

三カ月で流賊を完全に討滅するのはとても無理であったが、一六三八年から三九年初めにかけては、中枢を担った楊嗣昌と熊文燦にとっては一見、戦績の著しい黄金の歳月であった。一六三八年一月には庠生《しょうせい》▲出身の劉国能《りゅうこくのう》（綽名闖塌《ちんとう》天《てん》）が、四月には高迎祥なきあとのもっとも強力な流賊、張献忠が湖北谷城《こくじょう》で、

▼鄖陽　陝西・河南・湖広の境界にある山岳地帯に位置する。明初より盗賊の活動地域のため、治安上の理由から禁山区とされた。明の中期、里甲制の動揺のなかで破産した多数の農民が流民となって当地に開墾のため入植した。武力で追放しようとしたため流民は二度の大抵抗をおこない流血の大惨事となった。一四七六年、明が起用した原傑は流民の入植を認め、新たに鄖陽府を設立し、現地で流民に戸籍を再登録させて里甲制に組み込んだ。しかしその後も社会が混乱してくると流民や流賊が流れ込み、明も治安の確保から軍事上の重要な拠点として湖広行都司をおいた。

▼過天星　この綽名を使用した有力流賊は二人いる。一人は延安府清澗県出身の惠登相で、羅汝才の武将。のちに左良玉にくだる。もう一人が張天林で延安府綏徳州の人。一貫して李自成と行動をともにした。

十一月にはこれにつぐ強力な流賊、羅汝才ら九営が湖北太和山でともに熊文燦に投降する等の戦果をえた。この時期、張献忠に並ぶ有力流賊になっていた李自成は投降を拒否して戦っていたが、一六三八年十月、洪承疇・孫伝庭の陝西軍と潼関《どうかん》▲で戦って大敗し、一八騎でなんとか窮地を脱し、陝西東南の商洛山中に逃げ込んだ。李自成はこの戦いで戦死したとの噂まで流れた。

こうした戦果はおもに洪承疇・孫伝庭・左良玉らによるものであったが、彼らを統括する立場にある熊文燦・楊嗣昌の功績となり、熊文燦は得意の絶頂にあった。しかし熊の招撫の実態は、張献忠を例にあげると、投降先の谷城で兵馬を解かないまま食糧を保証し、軍官職(副将・副総兵)と土地などを与えるよう皇帝に上奏するなど優遇した。しかも張献忠は明のために戦闘に出ることもなく、まさに「求賊」といわれる実態であった。かつて熊が鄭芝竜を招撫し、明の水軍として活用したときとはおおいに異なっていたのである。

一方、北方では一六三六年一月、ドルゴン(太祖ヌルハチの第九子)は漢南のモンゴル(チャハル部)を破って投降させ、元朝の伝国玉璽《ぎょくじ》を入手した。この結果、ホンタイジは満州・モンゴル両民族の支配者となり、国号を清と改称し大

▼庠生　府・州・県学生員の別称。庠は古代学校の名。明・清代、科挙試(郷試・会試・殿試)を受験するためには学校に所属しなければならない。童試(県試・府試・院試)に合格して入学資格を取得し、学校に所属したものを生員(秀才ともいう)と呼んだ。

▼潼関　現在の潼関の位置と異なり、南流した黄河が東に向かう屈曲点に設けられた軍事拠点で、明では衛所《えいしょ》がおかれた。中原から関中にはいる要地で、また陝西と山西・河南間の交通の要衝でもある。李自成の乱での主要な潼関攻防戦は一六三四、三八、四三、四四~四五年である。とくに四三年は孫伝庭を破り西安に凱旋し、四四~四五年は東路・西路の清軍に敗れ西安を放棄した。九〇・九一頁の写真参照。

清皇帝に就任した。勢いを増したその清軍が六月、長城をこえて居庸関《きょようかん》より侵入し北京を直接脅かすにいたった。このため崇禎帝は中原から精鋭の遼東兵を引き上げさせ、九月には盧象昇▲に各鎮兵を率いて北京に入援するよう命じた。

楊嗣昌・熊文燦らによる流賊討滅作戦が、一見順調に進んでいるかにみえた一六三八年九月、清軍の大規模侵入が始まり、翌三九年三月から四〇年九月まで河北・山東を掠奪し、済南に封建されていた徳王《とくおう》をはじめとした多数の人が拉致された。また、この戦いで一六三八年十二月、盧象昇や引退していた孫《そん》承宗《しょうそう》▲ら著名な文臣の前線指揮官とその経験者が戦死した。北京は戒厳令が敷かれた同年末、流賊に対峙していた洪承疇が兵部尚書の肩書で薊遼《けいりょう》総督として遼東に入援を命じられ、直属の総兵曹変蛟《そうへんこう》・左光先《さこうせん》らが陝西軍を率いて従った。さらに陝西巡撫の孫伝庭にも、保定・山東・河北総督として転出命令がくだされた。この対清戦略の企画責任者の楊嗣昌に対し、孫伝庭は陝西の兵士を遼東にとどめることに異議を申し立てた。それは流賊に利するだけではなく、妻子を陝西に残している兵士たちが騒ぎを起こし逃亡につながると説いたのである。しかし彼の上訴は受け入れられず、そのために辞職を申し出た。楊嗣昌は

▼盧象昇（一六〇〇～三九）　江蘇常州宜興県の人。天啓《てんけい》の進士。文人でありながら将才があり、よく軍をおさめ、しばしば戦功をあげる。一六二九年自ら兵を募集し、清の入寇に対する北京防衛に参加。その後、山西流賊鎮圧に功績をあげ、右僉都御史に進み鄖陽巡撫となる。三五年には拡大した流賊に対し洪承疇と対応し、その後、清の入寇に対し宣《せん》大《だい》・山西軍務を総督する。三八年には兵部尚書に昇進、五〇〇〇の軍を率い河北の巨鹿《きょろく》県で清と戦うも、援軍なく戦死する。

▼孫承宗（一五六三～一六三八）　保定府高陽の人。万暦の進士。一六二二年、兵部尚書兼東閣大学進士となり、山海関外で清軍を防ぐ。魏忠賢《ぎちゅうけん》一党に陥れられ帰郷する。一六三八年、家人を率いて高陽城で進入した清軍と戦い死す。

崇禎帝に「孫伝庭は仮病を使って職を辞そうとしている」と讒言《ざんげん》したため、帝は激怒し彼を解職して投獄した。

　陝西の明軍の主力が東北に動員され、また孫伝庭が投獄されたこの時期、熊文燦をはじめとした現地首脳部は、再反乱の兆候のみえる張献忠討滅の計画をめぐらした。危険を察知した張献忠は密かに羅汝才らと連絡をとり、一六三九年五月、十分な補強と準備を整えたのちに両者は再蜂起した。激怒した崇禎帝は、張献忠を招撫した熊文燦を解職して投獄した。崇禎帝は六月、兵部尚書の楊嗣昌に、さらに礼部尚書を兼務させて東閣大学士▲として入閣させた。このような重要な役職を重複して兼務させる事例は非常に稀有なことであった。楊嗣昌は満州族も流賊も同時に討滅する方法として、またもや机上の空論を提出した。その内容は、辺兵七三万を選んで訓練し、流賊に備え華北地域の府州県に民兵訓練のための専門官(練総)を設け、地方防衛費用として、練餉《れんしょう》を新たに徴税するというものだった。

　この案が承認された結果、万暦時代からの遼餉《りょうしょう》、一六三七年の勦餉、そして練餉と悪名高い臨時税三餉が出そろうことになった。いずれも土地への一律賦

▼東閣大学士　永楽帝の内閣制度創設以降、大学士は、詔書の起草などの機密に関与した。大学士は中極殿・武英殿などの殿閣に常駐した。東閣に常駐した大学士を東閣大学士といった。

課税で、三餉合計は一六七〇万両に達し、正税に匹敵した。辺兵七三万の再訓練は不可能であり、練餉は小農民をますます破産に追いやって流賊の予備軍と化し、華北の状況は悪化の一途をたどることになった。

流賊・李自成の危機

李自成の流賊参加は比較的遅く、一六三一(崇禎四)年代に苗美あるいは張存孟の一団に参加したと考えられ、その集団の八隊の隊長を務めた。そのため李自成は「八隊」と綽名され、所属集団が明軍に滅ぼされると残党を率いて独立し、「闖《ちん》将」と名乗った。後世の史書では闖将の名から、李自成が当初より闖王▲・高迎祥軍に参加し、高迎祥なきあとはすぐさま後継者となったと推測するものが多い。しかし李自成は高迎祥に直属したのではなかった。掌盤子として一集団を率いて自立し、高迎祥ら多くの流賊集団との共同行動もし、明軍側の動向によっては分散して独自行動もとった。戦局の判断と武将としての統率力に秀でていたので、李自成の率いる集団は一六三四年頃から最強の流賊の一つとなっていた。翌三五年以降、政府側からも闖将集団は「秦(陝西)中の大寇」

▼**闖王**　綽名闖王を名乗ったのは初代は高迎祥、二代目は李自成である。闖の字義の「問題を起こす、突入する、他地に歩きまわる」のごとく、勇敢さと無謀さを意味する。明終末の混乱期、闖字を使用した賊首は多い。たとえば米闖将《べいちんしょう》(本名米進《べいしん》善《ぜい》)、闖将(李自成)、闖塌天(劉国能)、胡闖《こちん》(蘭養成《らんようせい》)などである。

であり、「闖将八隊、素より兇残と号し、四枝一三営を糾合し、ともに数万の精騎有り」(左懋第《さぼうだい》『左中貞公集《さちゅうていこうしゅう》』巻五)と警戒されたのであった。

一六三六年、流賊集団に絶対的影響力があった高迎祥が犠牲になってから一年のあいだに、その後継をめぐって高迎祥下の有力武将が三人推挙されたもののいずれも定着せず、結局いずれも明軍へ投降してしまう。その原因の一つに闖将・李自成がこれら後継者と力が拮抗していたうえに、多くの掌盤子に与える影響が大きかったことがあげられる。したがってこの段階では、いまだ李自成は二代目闖王を名乗っていない。親しみと尊称をこめて「老八隊」と呼ばれ、また自ら闖王を名乗ったのは一六四一年以降と思われる。

一六三八年の後半期から翌年三九年前半期は流賊の衰退期で、先述したように張献忠・羅汝才をはじめとした主要流賊が次々に投降した。そのため投降を拒否して陝西・四川を流動する李自成らに明軍の攻撃が集中し、流賊の自由な分離連合にもとづく行動が難しくなり、この方面では李自成の統一指揮下で戦闘する機会が増加した。しかし、この新事態に適応しない恵登相の主要部隊、さらに李自成軍の一部も明軍に投降してしまう。同年六月、「諸賊中の元凶」

▼**傅宗龍**（?〜一六四二）　雲南昆明の人。万暦の進士。天啓のとき、少数民族反乱の鎮圧に活躍する。一六三九年、兵部尚書のとき、事件に連座して入獄する。四一年釈放され、陝西三辺総督として前線に赴くも、河南項城の戦で李自成軍に敗れ殺さる。

で「素よりきわめて狡猾」と明軍の総帥・洪承疇が認めた李自成軍に対して包囲攻撃がおこなわれ、彼は四川に逃れたものの四川巡撫・傅宗龍《ふそうりゅう》▲に大敗し、一緒に行動した有力流賊も投降してしまう。さらに同年十月、前にも述べた潼関の戦いで洪承疇・孫伝庭軍に大敗し、一八騎で危機を脱出した。以後、小人数を率いて夜は山林にかくれ、奇襲を警戒して絶対に建物内で休息や宿泊をしなかったという。こうした経緯から、この年の冬から一六四〇年の冬にかけての二年間、李自成集団の動向について史料の言及は少なく、その動静は空白である。

流賊の掌盤子組織

兵士・駅卒・小民らとその老幼婦女を含めた一家が流民化し、武装して明軍や地元の支配層と戦闘を繰り返す組織とは、具体的にどのようなものであったのであろうか。詳細は不明な点も多いが『綏寇紀略《すいこうきりゃく》』『平寇志《へいこうし》』『流寇志《りゅうこうし》』などの史書からその概要がうかがえる。

一流賊集団の指導者（賊頭・流寇首）を「掌盤子」「掌家」「管営者」と呼ぶ。

「盤」は盤居の意で流賊の駐屯地、「盤子」は部隊を意味する。集団は営と隊により構成された。これは脱走した兵士が持ち込んだ明軍の影響があり、これに流賊の性格が付与されたといえる。営は老営(標営・中営)と左・右・前・後の五営からなり、各営は掌盤子の指揮下に、各段階の指揮者つまり管隊(二〇人の兵士の長)─小管隊(哨頭・領哨)─老管隊(大哨頭)で構成された。掌盤子にも大小があり、大掌盤子といわれる場合は数万人以上に達した。この膨大な数はすべてが兵士ではなく、掌盤子以下兵士ら構成者の家族も含み、すべて老営に集中された。流賊集団の性格の象徴的部署の一つであり、同時にアキレス腱でもあった。明軍側はこの老営の存在を探知して攻撃すれば、流賊の志気を挫くことができた。なお掌盤子として認められる条件は、営を立てて独立していること、少なくとも戦闘の基本単位として二から三の哨を掌握していることであった。掌盤子が明軍に投降する場合、全軍が投降するわけではなく、哨ごとに分裂して独自行動する場合もあった。

敵方の情報を探るために、明軍、流賊双方ともに諜報組織を有していた。流賊中にも掌盤子は八〇〜九〇人の直属する従僕がいて、そのなかから強者一人を選び、徴発・移動・探索・警備をおこなうスパイ・諜報組織の管轄者「夜不《やぶ》収《しゅう》」として直属させた。この夜不収は各段階の隊の指揮官にも設けられた。明軍や地域の支配層の動向を探り、宣伝を担当し家族の集結する老営の安全を守るうえからも、夜不収の役割は重要であった。彼らがもたらす情報をもとに、移動の方向、出発、設営などを決定した。

野営中は毎日午後、各隊各営から一人ずつ代表者が掌盤子の居所にやってきて方針を聞いて所属部署に伝達し、翌朝明け方の食事後、掌盤子の到着を待ってその日の行動を開始した。大集団なのでつねに交代で各隊が老営の前後左右を警護した。

明軍に対抗した掌盤子集団の軍事行動の特徴はその迅速性と機動性にあり、敵の動向をすばやくとらえて対応する情報戦に優れていた。また、戦闘行動をおもに支えていたのは騎兵であった。「流寇は馬を以て家と為す」といわれたように非常に多くの馬を有し、その補充に重点をおいた。馬は戦闘用にしか使用せず、通常の荷物の運搬は驢馬《ろば》と騾馬《らば》であった。厳冬には茵《しとね》・蓆《むしろ》・布地を敷くなどして馬を大事にあつかい、戦闘用に慣らすために、死人の腹を馬槽としたり、激戦の流血のなかで水分を補給したりした。したがって騎兵が重要視され、精兵一人につき馬具・調教・食事など(畜司・牧司・柴司・包司・器機)の世話を担当する二〇余人の補佐がつき、実際の戦闘では騎兵一人につき二～四馬を用意した。ちなみに、明の官兵は「一人一騎」なので、速度、補給の点で流賊への対応が困難な場合が多かった。

戦闘と移動が連続するなか、将士の家族および新たな参加者の生存を保証するために、騎兵・歩兵のほかに後勤部隊として打糧《だりょう》隊・打馬草隊・銀匠隊▲・吹手隊・裁縫隊・孩児軍(おもに将士の子どもを育成)などが編成されていた。戦闘で捕捉した特殊な技能を有する「僧・道・医・卜」や木匠・銀匠らには逃亡の防止策▲として刺青《いれずみ》をほどこし、あるいは髪を切り、耳を裂いた。武闘の訓練は欠かさず、部隊が行軍を止めて野営することになれば、軍は「站隊《たんたい》」といって暗くなるまで騎射の練習をやめなかった。

流賊集団内で成員は「賊頭」たる掌盤子を親方、親父さんを意味する「老爺」「掌家」と呼称した。これは擬制的血縁関係、つまり家族的な親密さを内包する尊卑関係をあらわしている。陝西を軸にして、流動するさまざまな地域

▼打糧隊・打馬草隊・銀匠隊
「打」は徴発の意で、戦闘と生存のため、部隊と帯同する家族のため、食糧や馬・驢馬・騾馬を徴発・供給する役割を担った。銀匠隊は銀細工の職人集団で、車両・武器・武具・農具の製作・補修など多方面の需要に対応した。本文にも記したように掌盤子組織はこうした専門職人の獲得を重要視した。

▼逃亡の防止策　以下の本文のような処置をほどこせば、流賊から逃亡できても、政府や地元民からひと目で真正の賊参加者として識別される。

から加わった成員は参加以前の姓名でなく、おのおの特徴のある綽名を用いて呼び合った。掌家支配下の各隊で、指揮者と綽名で呼称し合うのは、集団内はみな対等の構成員であることを示している。この綽名は明軍や地方政府にとっては討伐時に相手の出自を確認できず、混乱させる効果もあった。掌盤子をはじめ、老管隊・小管隊などの指揮官が死亡した場合の後継者は「営中の衆人の推《お》すところの者」を選び、特定者が任命するものではなかった。寡婦は別人に配し、遺児は営中で育てて馬匹は後継者に与えた。獲得した食糧・金帛《きんはく》などは掌盤子に納入後、均等に分配された。

食糧・衣料などの補給は都市・郷村の官僚・地主・商人ら富裕層からの掠奪によったが、掌盤子にもっとも評価された戦利品は馬・驢馬・騾馬などで、ついで「弓矢鉛銃」の武器、貨幣や絹の衣服などで、あまり価値のないものとして「珠玉」がおかれた。個人による白金の所蔵は厳禁された。

大きな戦闘で人員をとらえて参加者が増大した場合、「一勇者」を選んで一管隊とした。生まれたばかりの子は捨てられ、精兵は妻子の帯同は許可されるが、子女の傍漁は禁止された。男子は一五歳から四〇歳までを兵（養子）または下僕としたが、四〇歳以上の参加を認めなかった。これは陝西以外の地域に拡大した以降の掌盤子集団の方針と思われる。

「流寇は延安に起こる。ゆえに掌盤子の多くは延安の人なり」といわれるように、有力掌盤子のほとんどが延安府出身であった。もちろん大流動を繰り返すなかで各地の参加者が加わり有力集団も出現するが、流賊の全体に影響力を有したのは李自成・張献忠・羅汝才らの延安府出身者であった。

③—政治権力（襄陽・西安大順政権）の樹立

明軍中枢と藩封体制の解体

記録上、動静が不明であった二年近い空白のあいだ、李自成軍は湖北・四川・陝西《せんせい》の三省交界地区の山中で、想像を絶する苦しい戦いをへて、一六四〇（崇禎十三）年秋、人々が連年の大災害と徴税に苦しむ河南西部にはいった。ついで翌年一月、国本問題▲やあくどい収奪で悪名高い福王常洵《じょうじゅん》が親王▲として封建されていた洛陽を急襲した。

福王の之国《しこく》後、福王府による洛陽とその周辺における禄糧《ろくりょう》（明の保証した規定の税）、私有地の小作料、塩税・商業税の取り立ては度をこえており、洛陽内外の広範な民衆の怨嗟の的になっていた。膨大な財産を蓄えたにもかかわらず、流賊の襲来に備えて洛陽城の守備を固める士大夫や郷兵・明兵からの、物資や資金の援助要請を福王は無視し続けた。結局、守城の指揮官で総兵の王承禹《おうしょうう》の部下が李自成軍に内応したため、洛陽はあっけなく落城した。

洛陽の迎恩寺内にかくれていた肥満の福王は発見され、殺害後、「福禄酒《ふくろくしゅ》」▲と

▼国本問題　万暦帝時代、王皇后の長男朱常洛《しゅじょうらく》の皇太子決定が遅れた理由に万暦帝が寵愛した鄭貴妃の子、福王朱常洵を後継に考えていると疑われ、多くの官僚が皇太子の早期決定と福王の早期「之国」（封建地への移動の意）の実現を要求した。一六一四年にやっと洛陽に之国した。

▼親王　明の諸王の序列。皇帝の子息は正妃の長子が皇太子に、ほかは序列第二位の親王として地方に封建された。親王以下子孫は八等級に分類され、それ以下は庶人とされた。

▼**福禄酒**　王は体重三六〇余斤（一八〇キロ）の肥満体で、一七年の在国中、洛陽近辺の民衆はもちろん支配層からも、その振る舞いと収奪による財宝の集積は怨嗟の的であった。李自成らは王を殺害後、生血を塩漬けの鹿の肉に混ぜ、これを幸福を呼ぶ酒「福禄酒」と名づけて兵士ら参加者とすすり合って気勢をあげた。

され、兵士・民衆らがすすり合ったと伝えられるほど怨嗟はすさまじい。膨大な富は飢民・流民に分配され、またこの富を利用して李自成軍は大量の新兵を補充した。こうして皇帝支配の地方における象徴としての王府の、反民衆的側面が白日のもとにさらされることになった。明代の王府はおもに長江以北の主要都市に封建されていたが、流賊により以後も次々に打倒されることになった。

一方の流賊の雄、張献忠《ちょうけんちゅう》は有力掌盤子《しょうばんし》である羅汝才《らじょさい》らと連携して一六四一年二月に襄陽《じょうよう》を攻め落とし、この地に封建されていた万暦帝の弟襄王を殺害した。わずか一カ月の間に親王二人があいついで殺害された事実は、崇禎帝にとって大きなショックであった。張献忠の勦討《そうとう》に全力を投入していた楊嗣昌《ようししょう》は、責任をとって同年三月湖北沙市で自殺した。こうして楊鶴《ようかく》・楊嗣昌は親子二代にわたり、流賊討伐の失敗で死去するにいたったのである。

楊嗣昌の死は流賊討伐を担当する明の軍事中枢の喪失であり、戦力の優位は明側から流賊側に逆転していくことを意味した。李自成・張献忠らはこれ以降、従来は中原の都市を占拠して掠奪するとすぐに放棄し流動した方針を改め、統治・支配する方向に変ずる。史料はこうした傾向を「地を守りて流れず」（李永《りえい》

●―**福王府宮殿大門**　現在の洛陽老城区青年宮一帯。大門前の漢白玉、石獅一対は当時のもの。

●―**邙山《ほうざん》の裾にある福王の墓跡**（上）**と残存する門柱**（右、ともに孟津《もうしん》県麻屯《まとん》郷 廟槐《びょうかい》村）　福王の死が北京に伝えられると崇禎帝は怒りとショックで、朝政を三日止め喪に服した。その後、側近の強い勧めもあり通常の親王祭葬の二倍の規模で祭礼を挙行し、廟・坊を建て諡《おくりな》を「忠」とした。遺体は王府付の宦官が保存し、墓は一六四三年正月に建てられた。

●朱常洵壙《こう》志　一九二四年福王墓が盗掘されたさいに出土した。縦・横各七九センチ、厚さ一〇センチの石碑で、撰者は息子の朱由菘《しゅゆしょう》である。内容は福王常洵が兵士らの裏切りにあっても最後まで城を死守して犠牲となったとするもので、史実とは逆である。ただ王の生卒、冊封、之国、李自成の洛陽攻撃などの具体的期日が明確で、『明史』などの不明部分を補える。現在、孟津県文物管理委員会に保存されている。

●明末の諸王分布図

●―明末の藩王

宗室数	末王(親王)の動向
1007	崇禎16(1643)年李自成軍に殺される。
21	崇禎16(1643)年李自成軍に殺される。
187	崇禎16(1643)年李自成軍に殺される。
1679	崇禎16(1643)年李自成軍にとらえられる。1646年定武帝→永暦帝に帰す。
?	崇禎17(1644)年張献忠に殺される(於重慶)。
4916	崇禎17(1644)年李自成軍に殺される。
4118	崇禎17(1644)年李自成軍に殺される。
5235	崇禎15(1642)年黄河決壊，逃出。
76	順治2(1645)年，隆武政権樹立。三年清軍に殺される。その弟(紹武帝)は自殺。
598	
22	崇禎13(1640)年明朝自殺を命じる。親王は廃絶。
18	崇禎15(1642)年李自成軍にとらえられる。
?	崇禎14(1641)年李自成軍殺害。その子(弘光帝)順治2(1645)年清にくだり，殺される。
?	順治2(1645)年降清，殺される。
56	崇禎14(1641)年李自成に殺される。その子順治3(1646)年，衢州で殺される。
1260	崇禎16(1643)年張献忠に殺される。
37	崇禎14(1641)年張献忠軍に殺される。
77	
11	
29	崇禎16(1643)年李自成軍に投降。
?	崇禎末広州に逃げ，順治2(1645)年清に下り，殺される。
?	永歴帝(於肇慶)として反清の中核。康熙元(1662)年，呉三桂に殺される。
?	
191	崇禎16(1643)年張献忠軍に殺される。
594	順治11(1654)年台湾で没す。(魯監国)
18	崇禎12(1639)年清軍にとらえられる。
37	崇禎17(1644)年李自成軍部将と接触？順治元(1644)年降清。
912	正徳14(1519年)，謀反で殺される。
81	順治5(1648)年降清。
33	順治3(1646)年広州で殺される。
182	崇禎17(1644)年張献忠軍による成都陥落の際，自殺。
816	監国を名乗るも，順治3(1646)年隆武政権にとらえられ庶人とされる。

行政区画	地図番号	親王(郡王)	居城(移封地)	始王就藩年(再移封年)
陝西	1	秦王	西安府	洪武 11(1378)年
	2	粛王	甘州(蘭州)	洪武 25(建文元, 1399)年
	3	慶王	韋州(寧夏)	洪武 26(建文 3, 1401)年
	4	韓王	平涼府	永楽 22(1424)年
	5	瑞王	漢中府	天啓 7(1627)年
山西	6	晋王	太原府	洪武 11(1378)年
		(慶成王・永和王)	(汾州)	永楽 10(1412)年
		(西河王)	(平陽府)	正統 2(1437)年
	7	代王	大同府	洪武 25(1392)年
		(襄垣王等)	(蒲州)	(永楽 22〔1424〕年)
		(霊丘王)	(絳州)	(永楽 22〔1424〕年)
		(隰川王等)	(澤州)	(正統 7〔1442〕年)
		(安定王)	(忻州)	(景泰元〔1450〕年)
		(懐仁王)	(霍州)	(天順 5〔1461〕年)
		(楽昌王)	(朔州)	(成化 19〔1483〕年)
	8	瀋王	潞安府	永楽 6(1408)年
河南	9	周王	開封府	洪武 14(1381)年
	10	唐王	南陽府	永楽 6(1408)年
	11	趙王	彰徳府	洪熙元(1425)年
	12	鄭王	(懐慶府)	宣徳 4(1429)年
	13	崇王	汝寧府	成化 10(1474)年
	14	福王	河南府〈洛陽〉	万暦 42(1614)年
	15	潞王	衛輝府	万暦 17(1589)年
		(万安王)	(永寧県)	(万暦 29〔1601〕年)
湖広	16	楚王	武昌府	洪武 14(1381)年
	17	襄王	(襄陽府)	(正統元〔1436〕年)
	18	荊王	(蘄州)	(正統 10〔1445〕年)
	19	吉王	長沙府	成化 13(1477)年
	20	栄王	常徳府	正徳 3(1508)年
	21	恵王	荊州府	天啓 7(1627)年
	22	桂王	衡州府	天啓 7(1627)年
		興都留守司	安陸府〈承天府〉	弘治 7(1494)年
	23	景王	徳安府	嘉靖 40(1561)年
		(華陽王)	(澧州)	(宣徳？年)
	24	岷王	(武岡州)	(永楽 21〔1423〕年)
山東	25	魯王	兗州府	洪武 18(1385)年
	26	徳王	済南府	成化 3(1467)年
	27	衡王	青州府	弘治 13(1500)年
江西		寧王	(南昌府)	(永楽元〔1403〕年)
	28	淮王	(饒州府)	(正統元〔1436〕年)
	29	益王	建昌府	弘治 8(1495)年
四川	30	蜀王	成都府	洪武 23(1390)年
広西		(靖江王)	桂林府	洪武 9(1376)年

襄陽城（湖北省襄陽市）　襄陽は襄王の封建地。一六四一年、襄王は張献忠に殺害され、その後、李自成が最初の政権を同宮殿で創設した。

茂『枢垣初刻《すうえんしょこく》』）と表現する。李自成軍は漢水と長江を結ぶ重要都市襄陽に続き、黄河中流の戦略的重要都市開封を五次にわたって攻撃した（一六四一年二・十二月、および四二年四・八・九の各月）。この間の一六四一年二月、開封城守備の副将軍陳永福《ちんえいふく》は開封城攻撃のため視察に訪れた李自成を、部下に集中的に射させ、左目を失明させた（「闖瞎子《ちんかつし》」の名の始まり）。また一六四三年一月には（李自成軍は）長江中流の軍事・流通の重要都市荊州を、張献忠軍は長江中流の同じく重要都市武昌などを占拠した。

楊嗣昌なきあと、流賊対策の前線における明軍の中心は孫伝庭《そんでんてい》であった。孫はかつて陝西巡撫《じゅんぶ》のとき崇禎帝の逆鱗にふれ、一六三九〜四二年まで投獄されていた。この間、熊文燦《ゆうぶんさん》・楊嗣昌が敗れ、流賊の最強集団となった李自成軍に河南の諸都市が落とされ、河南巡撫があいついで殺害された。明朝に残された文臣で、武官を率いて戦闘の指揮を執ることができるのは孫伝庭のみというのが、衆目の一致するところであったので、崇禎帝もついに彼を獄から出して兵部侍郎に抜擢し、河南から陝西に向かわせた。出発の直前、帝は楊鶴・洪承疇《こうしょうちゅう》・孫伝庭に仕えたかつての孫の部下で歴戦の武将、陝西の総兵官賀人龍《そうへいかんがじんりゅう》の斬殺を命じた。孫伝庭はだまして彼を呼び出し命令を実行した。その理由は一六四一年九月、項城の戦いで総督傅宗龍《ふそうりゅう》が城門前で李自成軍に処刑された事件も、翌年一月に襄城《じょうじょう》県(河南省開封府)で総督汪喬年《おうきょうねん》が戦死したのも、援勦《えんそう》総兵官賀人龍の逃亡が原因となっていたからである。賀人龍は武将として戦力の逆転した状況を肌で感じていたので、新人の三辺総督の命令どおりには戦闘状態にはいらず、自軍保持のためには敵前逃亡も辞さなかったのだ。

賀人龍は李自成と同じく米脂《べいし》県生まれで、生員から武科挙に合格した。洪承疇配下の守備職のころから流賊への容赦ない殺戮が目立ち、以後の歴代陝西三辺総督や巡撫の直属総兵官として重きをなした。一方で賀姓の宗族が流賊中にも多く、以心伝心の側面も有していた。彼の軍には政府軍の反将や有力流賊の投降者も多く帰属した。後者の代表例は李自成の妻邢《けい》氏▲と通じたため、駆け落ち状態で参加した高傑《こうけつ》(綽名翻山鷂《ばんざんよう》)である。高傑は明の滅亡後、史可法《しかほう》指揮下で、南明の四大軍閥として重きをなしている。賀人龍軍は戦闘での移動中、各地での淫乱掠奪活動が目立ち、地方の支配層・民衆からきらわれ恐れられた。この点では競合関係にあった有力総兵官左良玉《さりょうぎょく》軍の性格と軌を一にした。明

襄陽城九龍壁

▼李自成の妻、邢氏　一六三四年臨洮府の大戸から奪ったと伝えられ、才色兼備で李自成軍の財務をとりあつかっていた。李自成のその後の妻は、米脂県の高映元《こうえいげん》の娘、高氏で、大順皇后に封じられた。

軍中で、もっとも恐れていた賀人龍処刑の情報を聞いた流賊は、関中(陝西)はまもなく簡単に手にはいると大喜びしたという。

獄中から復活した孫伝庭自身は兵の訓練のための時間を希望したが、帝が許さなかったため北京を出発し、一六四二年九月、陝西の潼関《どうかん》に到着した。同年九月、開封の水没▲後、李自成軍は陝西に向かったので両軍は河南西部で激突した。孫伝庭は高傑・牛成虎《ぎゅうせいこ》らを指揮して当初は優勢に戦いを進めたが、後半に隙を突かれて手痛い敗戦をこうむった。この戦いは連日の大雨のなかでおこなわれたため食糧が切れ、明軍側の士卒が青柿を食して体調を崩し結局大敗したので、河南の人々は「柿園《しえん》の役《えき》」とも呼んだ。

四三年五月、崇禎帝は孫伝庭を兵部尚書に進め七省督師とし、全権を付与してただちに出陣するよう促した。孫伝庭は敗戦の痛手を挽回するには準備の期間がどうしても必要で、出陣すれば二度と生還できないとわかっていたものの帝の命にはさからえず、同年八月潼関に出陣した。残存する明の有力将軍、総兵官の高傑・白広恩《はくこうおん》・左良玉らを総動員し決選に臨んだ。直前、汝州の戦いで李自成軍の将軍、都尉の李養純《りようじゅん》が孫に投降し、李自成の老営が唐県に、軍の精

▼開封の水没　中原の重要都市、開封は李自成軍の猛攻にたえ、周王以下全城の結束で、一年半以上の長期にわたり死守された。李自成軍は後半、開封を包囲し長期間、兵糧を断つ作戦に変更し、この間に中原の主要都市を陥落させた。しかし一六四二年九月、黄河の決壊で開封は水没することになった。黄河決壊の当事者について諸説が伝えられている。一つは李自成軍側、二つは明軍側、三つは李自成軍側と明軍側が同時に、そして四つは包囲と大雨で餓死者が多数にわたっている現状を天が哀れんで自然決壊させた、などである。

鋭は襄城にあるという重要な情報を伝えた。そこで明軍は一気に老営を攻撃して流賊の家族や、李自成が任命した官吏や将軍を殺した。追跡された李自成自身も襄城で窮地に陥る。李自成の側近にも動揺して投降を考える者もあらわれたが、李自成は「俺は明の王を殺し陵も焼いた大罪を犯している。決選を挑んでもし敗れれば、俺を殺してから投降しても遅くはない」と叱咤して軍を引き締めたという。今次の戦いも七日間続いた雨で、明軍は食糧がつき、戦意を喪失していく。孟津県の戦いで明軍は兵士四万を失い、勝ちに乗じて李自成軍は潼関を破った。劣勢挽回の方法がないことを悟った孫伝庭らは、自ら李自成軍に切り込み討ち死にした。中原における明軍の最後の砦、孫伝庭の死は軍事面から明滅亡を予告することになった。

流動主義の変化

一六四二(崇禎十五)年半ば頃より、李自成・羅汝才は河南の都市を落とすごとに占領地にまず武将をおき、一般民衆からの掠奪を禁止し民心をつかんで統治する方向に転換しはじめた。一部の地域では民衆統治の必要性から文臣の派遣も開始された。

やみくもに戦闘で落とすのではなく、まず投降を呼びかけ、応じなければ攻城を開始した。いわゆる戦闘をせずに占領する方法である。史書によると、そのさいすぐに投降すれば城内の人は殺さず、火を放たず、一日抵抗すれば城内の三割の人を、二日にわたれば七割を、三日におよべば皆殺しも辞さない方針をとったという。

李自成軍が困難な状況に陥っていた一六三九〜四〇年の時期、はじめて少数の知識人顧問が李自成集団に参加した。一六二七(天啓七)年の挙人出身者牛《ぎゅう》金星《きんせい》、実在したかどうか論争のある挙人出身者李岩《りがん》、それに術者(占い師)の宋《そう》献策《けんさく》(軍師)らである。

牛金星は南陽府宝豊県の人で、兵書・天文につうじ、李自成軍にとって最初の挙人出身者の参加である。妻の父親王士俊《おうししゅん》は進士出身、北京で官僚を経験した郷紳《きょうしん》であった。牛金星は妻の父親および宝豊県知県両者とのトラブルで訴えられ、牛金星は獄中の人となり、やがて死刑の判決がくだされた。牛家側の巻き返しで死罪を減じられ、河南の盧氏《ろし》県に兵卒として流され、結局一六四〇年にこの地にやってきた李自成軍に参加することになった。以後一貫して文官の最高位にあって大順政権を支えた。

李岩は、伝承によれば出身の開封府杞県での天災飢饉のなか、税徴収の免除と郷紳による農民の救済方法をめぐり、他の郷紳や知県と対立し投獄された。同情した農民が獄を破り知県を殺したため、やむをえず李自成軍に参加した。また、身長が三尺に満たない占い師宋献策は初対面の李自成を占い「李王出世」をいい、やがて天下をとると予言して李自成の軍師となった。

以後、牛金星は李自成軍の政策・政権づくり、戦闘の戦術面の提言などを担当し、李岩は大衆慰撫と政策宣伝で活躍する。李自成軍の飛躍のきっかけとなった洛陽の福王府攻撃とその不正に蓄積した財産の大衆への分配など、大衆の支持を受ける牛や李らの政策提言を、李自成も長い苦闘をへて積極的に受け入れる時期に達していた。さらに民衆慰撫のためにも文書処理や行政政策策定のための知識人出身者の需要が増していた。

一六四三年初め、李自成は黄《こう》州を攻めるにあたり檄文《げきぶん》を発し、「自分は十世代にわたる農民(良善)であったが、崇禎帝の失政で人民は塗炭の苦しみに陥っている。これを救済するため急遽仁義の師として起こった。以後、三年は徴税を免除し、一人も殺さない」との内容を公布する。また李岩は「みな思う存分食べて暖かく着よう。食べて着て満足しよう。闖王《ちんおう》がいれば差役にあたらず、税を納めなくてよい。みな楽しく過ごそう」といった民謡をつくった。これを児童隊や客商《きゃくしょう》(他地域から来た商人)に扮した兵士に歌わせたので、河南・湖北の大衆に浸透し、多くの都市を陥落させるのに多大な役割をはたし、都市・農村の大衆の圧倒的期待と支持を受けることになった。大量の軍隊と家族を維持するための莫大な経費と糧食は、一貫して紳士層や地主・大商人からの強制収奪(「追贓助餉《ついぞうじょしょう》」)を継続した。このように生存を維持するために流動していた流賊は、ついに民衆の困窮する最大の原因を取り除き、彼らの支援をえる方向を探りあてた。その点では単なる流賊から、農民反乱軍といえる性格を明確にしたといえよう。

こうした李自成軍の行動を、明の現地官僚は「仁義」に仮して人心を収拾しようとしているととらえた。本来・仁義にもとづく政治の実現は王朝の基本的理念である。李自成が仁義の師であるとの宣伝が民衆に浸透しつつあり、本来なら王朝のよって立つ理念が「賊」側に移りつつあるという危機感を、地方官はもつにいたった。

一方残存する有力明軍、たとえば左良玉将軍らは、投降した流賊や逃亡した明軍兵士をかかえ、食糧をはじめとする物資は現地調達主義をとっていた。その掠奪状況は「賊」よりひどく、当地の人々はかえって明の兵士を恨んだという。

明の戦力が優勢な時期、流動戦が基本であった流賊は、特定地域で短期間、または一時的に掌盤子間の「連営」「合営」がおこなわれた。各掌盤子は勢力の大小にかかわらず独立した存在だったため、分離連合・投降は自己の判断でおこなった。

しかし戦力の逆転する一六四二年以降、掌盤子間の自由な分離連合関係は崩れはじめた。盟友として長いコンビを形成していた張献忠と羅汝才は仲違《たが》いし、羅汝才は年下の李自成と盟友関係を結び、河南・湖北で勝利をかさねる。張献忠は安徽《あんき》・湖北・湖南・四川にかけて勢力を張り、革・左五営▲は安徽・湖北・河南の交界の大別山《だいべつさん》区を半ば根拠地として周辺を流動し、陝西出身ではない有

▼革・左五営　安徽・湖北・河南境界の山岳地帯を基盤に連合した陝西出身の有力五大掌盤子、馬守応《ばしゅおう》(老回回)・賀一龍《がいちりゅう》(革里眼)・賀錦《がきん》(左金王)・劉希堯《りゅうきぎょう》(争世王)・藺養成(治世王)を指す。高迎祥(故闖王)と流動戦を戦い、一六三五年頃からこの地の大別山の地形を利用するようになった。流賊の衰退期、本拠地としての諸山を足場に、補助地としての農村の堡・寨を流動する方式をとった。李自成が襄京政権支配を拡大し流賊統一を実現するためには、この五大掌盤子を配下に加える必要があった。

力集団、北直隷大名府滑県出身の袁時中《えんじちゅう》は安徽北西部・河南東部を流動していた。

長江と黄河の間の主要都市をめぐる明との最終的な攻防の時期、従来の掌盤子間の自由な分離連合にもとづく戦闘方法では明軍に対応できなくなった。すでに一六三九年前後、多くの有力掌盤子が投降するなかで、唯一李自成が投降を拒否し陝西山中にいた時期、掌盤子集団は李自成の指揮下で恒常的に戦わざるをえなかった。ついで一六四一年から翌年にかけて、中原の重要都市である開封の攻撃では、組織的に全体を指揮する者が必要となったのである。李自成は開封戦に勝利したのち、都市を放棄せず統治する方針をいち早くとり、各掌盤子の蟠踞《ばんきょ》を禁じたのであった。一六四三年一月、李自成は「奉天倡義文武大将軍」と称し、羅汝才・賀一龍・馬守応らは李自成の号令を認めて盟主とした。こうして李自成は掌盤子への影響力の点で張献忠を凌《しの》ぐことになった。

李自成の統一指揮下にはいることによって、従来の掌盤子の性格および組織内の力関係はどう変化したのであろうか。羅汝才も「代天撫民威徳大将軍」と称したが、李自成は年長で戦功の著しい彼の自称を黙認したものと思われる。

このとき羅汝才は従来の自身の組織を保持したまま、李自成の統一指揮下にあった。明にかわる政権構想の具体化と全国統一を実現するため、軍隊の一本化をはかる必要が生じると、各掌盤子のもつ武装力の一定の解体と再編が必要になってきた。そうなれば独立主体としての掌盤子機能が失われることとなり、有力掌盤子は危機感を募らせた。また李自成の統一指揮下に編入された掌盤子下の兵士は、犠牲の多い先鋒といった部署につねに配置されたうえに李自成軍兵士からあなどりを受け、不満が増していた。

一六四三年三月から四月、李自成は、羅汝才と並んで「兵馬最強」といわれた革・左五営の賀一龍らを、ついで羅汝才を殺害した。組織的合体を拒否する者を粛正したのである。しかし革・左五営のうち、賀錦《がきん》と劉希堯《りゅうきぎょう》は自身の属する集団の混乱を収拾して積極的に李自成軍と合体し、自らも李自成政権の高級武官に就任した。こののち五月、李自成は新順王を名乗った。

羅汝才の死後、彼が率いた五〇万にもおよぶといわれた大掌盤子の混乱は深刻だった。多くの将兵はすでに明軍の将となっていた「降賊」の白広恩や高傑、左良玉軍を頼ったが、羅汝才の腹心、張応元《ちょうおうげん》らは李自成軍に加わった。また李自成政権の高級武官となり澧州《れい》に駐屯していた革・左五営の老掌盤子馬守応は、羅汝才らの殺害を知り、李自成の帰還命令を拒否して張献忠のもとに去った。これにより中原地域はほぼ李自成支配下にはいった。

李自成は戦闘の直接指揮官となる掌盤子組織の下層指揮官、領哨《りょうしょう》・管隊などの編成をそのまま活用したため、兵士が自身の指揮官を掌盤子と呼ぶ伝統的意識は、根強く残された。また、張献忠・李自成の二大掌盤子に整理統合されたのちも、李自成軍内の歴戦の上級指揮官のあいだでは、従来どおり李自成を親しみをこめて「老八隊」と呼ぶ意識も温存されていた。

大順襄京(襄陽)政権の樹立

先に述べたように一六四三(崇禎十六)年一月、李自成は襄陽を襄京《じょうきょう》と改め、旧襄王府宮殿により「老府奉天倡義文武大将軍」と称して政権を樹立した。

中央政権は唐制を模したといわれ、文官の最上位に上相国《じょうしょうこく》・左輔《さほ》・右弼《うひつ》(明制の内閣にあたる。以下同じ)がおかれ、その下に六政府(六部)をおき、長官たる尚書は設けなかったが、副長官たる侍郎以下の官をおいた。黄河以南から長江にかけて占領した、河南・湖北・湖南の一部に地方官（外官）が派遣された。まだ一省の機構を設ける段階ではないので、重要都市に防御使（明の兵備道▲）を設けて当該地の行政と治安を担当させた。府に府尹《ふいん》（明の知府）以下の官、県には県令（知県）以下の官をおき、官吏任用試験をあつかう学政もおいた。

政権構想を具体化するため、早急に各種の官僚が必要となった。中央政府には吏政府（吏部）侍郎に喩上諭《ゆじょうゆ》▲、戸政府（戸部）侍郎に蕭応坤《しょうおうこん》▲、礼政府（礼部）侍郎に欽天監《きんてんかん》博士（天文台館長）の楊永裕《ようえいゆう》（山東招遠県の人）など、明の現役官僚が加わり、彼らは知人を推薦した。中央官は科挙出身段階でいうと進士・挙人が多い。地方官に勧誘された者はその多くが拒否したものの、民衆の評判の良い現役地方官や挙人への働きかけがなされ、また生員や挙人に対し大順政権側の実施する科挙試に応試するよう強制がなされた。こうした官吏登用は牛金星が主導した。中央・地方官の出身は湖北・河南が多く、とくにめだつのは荊州府出身者で、のちにこの点について崇禎帝は鳳陽《ほうよう》巡撫・馬士英《ばしえい》に直接その理由を聞いている。

次に襄京政権の武装組織についてみてよう。李自成により従来の掌盤子組織

▼兵備道　明の中期頃から軍政面の不都合に対応するため、兵備道が設けられた。総兵官などの武官が文書伝達にうといため、布政司から上級属官の参政（従三品）らを派遣して文書整理や機密の相談にのった。やがて社会変動に対応するため、武臣を統制、将士を訓督するため按察司より上級属官の副使（正四品）らが派遣されるようになり、全土に兵備道がおかれるようになった。

▼喩上諭　進士・御史、荊州府石首県の人。参加を拒否して自殺したとの説もあり。

▼蕭応坤　進士・広西布政使、荊州府江陵県の人。

が解体され、武装力が一本化され組織的整備がなされた。軍には、権将軍・制将軍・果毅《かき》将軍・威武将軍・都尉などの階級制が敷かれた。李自成本隊は本営と増置営に分けられ、本営は中営（老営）・左営・右営・前営・後営の五営より構成され、新たな都市攻撃と野戦を担当した。全体の指揮は李自成の側近、権将軍の田見秀《でんけんしゅう》と劉宗敏《りゅうそうびん》が担当した。田は性格が温厚・寛容で諸営を取り仕切り、戦闘に秀でる劉は李自成の直轄部隊を指揮した。本営たる五営には二二人の武官がおかれ、中営の制将軍に李岩《りがん》、左制将軍に劉芳亮《りゅうほうきょう》、右営制将軍には解体された革・左五営から参加した劉希堯が任命された。

増置営は河南・湖北の李自成軍が支配した重要都市、荊州（通達衛）・承天（揚武衛）・徳安・汝寧・開封・禹（均平衛）に衛所が設置され、一三人の将軍が派遣された。臨時首都襄京の襄陽衛には李自成の妻の甥、威武将軍・高一功《こういっこう》らと三〇〇〇人の兵士が、荊州の通達衛には制将軍の任光栄《にんこうえい》と六〇〇〇人の兵士、承天の揚武衛には果毅将軍白旺《はくおう》が、汝寧衛には投降した有力土賊の韓華美《かんかび》▲が配された。そのほか、南陽府郟《きょう》県の生員葉雲林《しょううんりん》らが文人でありながら武官として、あるいは少数であるが有力紳士層の奴僕（家内奴隷）が主人に反し武将とし

▼**韓華美**　汝寧府の有力土寨主（土賊）の一人。李自成に投降後、果毅将軍に任ぜられ、信陽州守備を担当した。しかし周辺の諸勢力に押され李自成軍が去ったのち、一六四三年十月殺される。

▼**祖大寿**(?〜一六五六)　遼東の人。前鋒総兵として大遼河《だいりょうが》城を守り、清太宗と対峙するも、一六三一年くだる。のち、反して錦州を死守するも、一六四一年ふたたび清にくだる。漢軍正黄《せいこうき》旗に編入され、総兵となる。呉三桂は彼の甥にあたる。

て参加している。

なお、この時期の明と清の戦闘では、数年にわたる松山《しょうざん》城攻防戦のすえ、一六四二年、ホーゲは洪承疇をとらえ、投降させている。ついで錦州《きんしゅう》城によった総兵祖大寿《そだいじゅ》▲も投降したので、東北の対清拠点の三城、錦州・松山・杏山《きょうざん》が落ちた。しかも明に殉じたと考えられていた洪承疇は投降後、清の中国侵入の水先案内人の役割を担うことになり、明にとっては大打撃となった。

西安大順政権の樹立

一六四三(崇禎十六)年、五年近く流賊の活動が止んでいた陝西に、明軍を圧倒する勢力をもった李自成軍が出現した。李自成・劉宗敏本隊は同年十月、西安を占領し秦王朱存枢《しゅぞんすう》をとらえ、西安民衆に対しみだりに殺人しない、などの触れを出した。

李自成は、長城の西方の軍事拠点・三辺を含む陝西全域の占領と統治に着手する。十一月、李過や劉芳亮に率いられた七万の軍を陝北の延安・楡林に向かわせ、この地の明総兵に任命されていたかつての李自成軍の武将・高傑を追わ

▼**尤世威**（?～一六四四）　楡林衛の人。一六二二年山海中部副総兵、二九年には総兵官として居庸・昌平を守る。三一年には山海総兵官から左都督に昇進する。のち、流賊に敗れ解任されるが、盧象昇《ろしょうしょう》に従って清と戦って敗れる。四三年辞職して帰省するも、翌年李自成と戦って死す。

しめた。ただ三辺の中心の楡林鎮は歴代の世将が住んでおり、総兵経験者の尤《ゆう》世威《せいい》▲を指揮者に選出し、楡林道の都任《とにん》および王世欽《おうせいきん》、尤世禄《ゆうせいろく》ら歴戦の武将が結束して、一六四三年十二月十五日から二十七日まで猛烈に抵抗したが敗れた。捕虜となった者には李自成自ら投降を呼びかけたものの拒否され、その後殺害した。

西方に進軍した劉宗敏・賀錦・袁宗第《えんそうだい》は固原《こげん》を、田見秀は漢中をおとし、寧《ねい》夏《か》を占領したさいには、この地に封建されていた慶王《けいおう》を殺害した。西域方面は賀錦らに遠征させ、蘭州を落として粛王《しょうおう》を殺し、甘州らを含め甘粛全域の軍事支配に成功したが、西寧の戦いでは最後までくだらなかった明側の術中にはまり、賀錦を失っている。なおこれらの占領地には、軍事担当の将軍と不十分ながら民政担当の節度使（明の巡撫に相当）などの官がおかれた。

李自成は陝西の主要都市を占領すると明軍の当地の総兵級軍官に投降を呼びかけ、くだった者は積極的に活用した。例えば一六四三年十一月、固原総兵でかつての流賊仲間であった白広恩や明総兵の高汝利《こうじょり》・左光先《さこうせん》といった投降者を大順軍将軍に編入している。さらに特筆すべき例に陳永福《ちんえいふく》がいる。かつて彼は一六四一年二月、開封城攻撃のため視察に訪れた李自成の左目を失明させた。その仕返しを恐れ投降するか否か迷っていた陳永福に、李自成は白広恩を使者として送り説得させた。それでも騙《だま》し討ちされるのではないかと猜疑する彼に対して、「おのおのの立場で全力をつくした結果であるから」といい、そのようなつもりはない証として、矢を折って誓った。

湖北西部、河南のほぼ全域、甘粛を含む陝西全域で軍事的優勢を確保した李自成は一六四四年旧暦正月元旦、襄陽政権を拡大し、正式に西安で建国し、国号を大順、年号を永昌《えいしょう》と改元した。西安を長安と改め西京と称し、大順皇帝の居所を秦王府宮殿とした。始祖を西夏国の建国の基礎をつくった李継遷《りけいせん》とし、曽祖以下を追尊、妻の高氏を皇后とし、歴代王朝創始者と同様、皇帝化にともなうさまざまな規定を定めた。なお地名の名称変更のなかに延安府を天保府、出身の米脂県を天保県とした例が含まれる。

封爵(五等爵)対象は古くからの李自成集団の武将と明の降将で、公爵は設けなかった。侯爵は権将軍と制将軍の九人に、例えば劉宗敏は汝侯、田見秀は澤侯に封じた。伯爵は七二人で、果毅将軍と威武将軍らに封じ、以下子爵は三〇人、男爵は五五人であった。なおかつて李自成の仲間で、のちに明に投降し、一六四三年末、陝西で李自成に再投降した明将の白広恩は桃源伯《とうげんはく》に、明将で投降した陳永福を文水伯《ぶんすいはく》に封じている。官制の改革では、唐制にならい、内閣を天佑殿《てんゆうでん》とし牛金星を宰相に、宋献策を軍師とした。中央行政機関六部を六政府と改名、襄陽政権時期にはなかった長官として尚書をおいた。地方のトップとして明の巡撫に相当する節度使をおき、襄陽時期における五営の主将の制将軍については明総兵級の武将に相当させた。

軍事訓練と軍の規律を強化し、馬兵の隊列を乱す者や騎馬を田畝に進入させる者は斬罪とした。税を三年免除する、民間と公正な価格で商品取り引きするなど、宣伝を強化するとともに、政権と軍隊の経費捻出のため、官紳に対する財の強制徴収、追賍助餉を継続した。また官僚登用のための科挙試も実施している。

大同城　一三七二年、徐達《じょたつ》により増築された九辺鎮の一つ。太原につぐ山西の重要都市。写真は中華人民共和国初期に撮影されたものと思われる。

④―北京大順政権の樹立と崩壊

北京へ破竹の進軍

一六四四(崇禎十七)年一月、田見秀《でんけんしゅう》と李自成の高夫人らを留守居として、大順東征軍は西安を出発後、三ルートから北京をめざした。第一ルートは李自成・劉宗敏《りゅうそうびん》らが指揮して、平陽・太原・大同・陽和・居庸関《きょようかん》から北京に、第二ルートは劉芳亮《りゅうほうきょう》が指揮して山西を南下して河南懐慶府《かいけいふ》・潞安《ろあん》府・彰徳《しょうとく》府・北直《きたちょく》隷大名《れいだいめい》府・邯鄲《かんたん》・河間・保定《ほてい》を通る南から北京にいたり、第三ルートは第一ルートの太原から分かれて任継栄《にんけいえい》らが指揮し、固関・真定・保定から北京に向かった。

李自成軍は先に命令文(「牌」)を攻略先の都市の文武官に発して、「城を献じ明の官印を差し出せば攻撃しない。もちろん頑迷に戦えば、一〇〇万の兵が容赦なく叩き潰すであろう」と警告した。この政策はおおいに効果があった。どのルートも先に宣伝を徹底させ、「殺さず淫せず、過ぎる所税を征せず」「帑(金蔵)を発し貧を賑わし、徴税を赦《ゆる》し困を蘇《よみがえ》らしむ」といった、税金免除・貧民救済などを宣伝した。多くの都市では郊外まで「士民は牛酒もて道を塞ぐ」ように、紳士層と一般都市民が歓迎した。一方では従来どおり、諸王・紳士・大商人には追贓助餉《ついぞうじょしょう》政策が徹底された。

　大順軍への数少ない抵抗には次のような事例がある。第一ルートでは一六四四年二月、総兵官周遇吉《しゅうぐうきつ》▲が指揮する寧武関《ねいぶかん》の戦いがあった。周遇吉は代州を守っていたが、敗れて寧武関に立てこもり、戦力的に劣勢にもかかわらず二日間にわたりあらゆる手段を駆使して抵抗し、李自成側にも多くの犠牲を出した。敗戦が決定的になった周遇吉は、騎乗して城を出て、大順軍に斬り込んでとらえられた。大順軍の将兵は重傷の彼を縛り上げて高竿に吊るしいっせいに乱射して殺し、頑強に抵抗された恨みを晴らした。李自成は戦には勝ったものの犠牲が多く、しかもこれ以後大同など、明の軍事拠点が待ちかまえていることから、西安にもどって休息することを決定した。ところがその直後に大同総兵姜瓖《きょうじょう》▲、宣府総兵王承胤《おうしょういん》が投降表を届けたため、当初の予定どおり北京への進軍方針に回帰した。その後も山西から北京にいたる長城の重要拠点や大都市は、ほとんど抵抗なく落ちた。李自成の指示で投降将軍白広恩が説得にあたり、

▼周遇吉（?〜一六四四）　錦州衛の軍卒出身。崇禎のとき、京営遊撃となり流賊鎮圧に活躍。一六四二年山西総兵となり四四年寧武関により李自成軍に抵抗した。

▼姜瓖（?〜一六四九）　楡林《ゆりん》の人。大同総兵のとき李自成にくだり、一六四五年清にくだり大同総兵となるも、四八年清に叛し翌年殺される。

大同総兵姜瓖が開門・投降したように、我彼の戦力差を肌で感じる明軍の守将は戦わず投降する傾向が顕著であった。

文臣による抵抗では、一六四四年三月一日、大同総兵官の投降に反対して自殺した、文武統括責任者の大同巡撫衛景瑗《じゅんぶえいけいえん》▲、同月十一日、絶望的抵抗のすえ自殺した宣府巡撫朱之馮《しゅしひょう》▲など少数の事例があげられる。また第二ルートでは三月二十四日、多くの市民(百姓)が投降したものの、府知事や一部の郷紳《きょうしん》が三日間抵抗を続けた保定《ほてい》の戦いなどがある。

崇禎帝の最後のあがき

北から圧力を強める清朝は、一六四三(崇禎十六、清の崇徳八)年、ホンタイジが突如崩御、第九子でわずか六歳のフリンが三代目の後継者として選ばれ、ドルゴンが摂政となり補佐する体制が成立した。崇禎帝はこの皇位継承の混乱に乗じたいという期待をいだいていたが、ドルゴンの采配の結果、完全な期待はずれとなった。

一六四四年一月には、李自成が率いる大順軍が西方の三方向から北京に迫っ

▼**衛景瑗**(?〜一六四四)　山西韓城の人。天啓の進士。一六四二年右僉都御史・大同鎮撫となる。総兵官姜瓖の投降に反対して死す。

▼**朱之馮**(?〜一六四四)　大興の人。天啓の進士。宣府巡撫のとき(一六四四年三月)、李自成軍に敗れ縊死する。

ており、北京と明朝は風前の灯となっていた。崇禎帝は最後のあがきともいうべき方策を次々にとる。一月に官僚(左中允▲)李明睿《りめいえい》の南京への南遷の議、つまり崇禎自身または皇太子を南京に遷《うつ》すという案を二月にかけて討論させたが、北京で社稷を死守せよと反対する官僚のため結局頓挫してしまう。

同年一月二十日、大学士李健泰《りけんたい》▲に崇禎帝にかわる親征の督師として大きな権限を与え、内閣大学士や六部の長官らとともに、帝自ら正陽門での盛大な儀式をおこなって見送った。李健泰は二十六日に出発したものの、三方向から進軍してくる大順軍になにもできず、反対に三月には保定で李自成の将、劉芳亮に投降し、彼にともなわれて大順軍とともに紫禁城に帰ってくる始末であった。

また崇禎帝は一月、北京城防衛のため寧遠《ねいえん》城を放棄し、寧遠に駐屯していた遼東総兵呉三桂とその精兵五〇〇〇を山海関に移す提案をし、首輔陳演《ちんえん》、兵部尚書張縉彦《ちょうしんげん》らに討論させた。これは、山海関以北の対清防御の拠点の放棄を意味するためなかなか決着がつかず、三月六日にやっと決定した。

三月四日、いざというときに勤皇のため北京に駆けつけることを期待して、残存する要衝の明軍武将の呉三桂を平西伯、薊鎮《けいちん》総兵唐通《とうつう》を定西伯、平賊将軍

▼左中允　東宮内外の庶務を統率する詹事府(皇后・皇太子の家務をつかさどる)の長官。

▼李健泰(?～一六五六)　山西曲沃県の人。天啓の進士。一六四三年、崇禎帝にかわり李自成討伐軍の指揮を執るも李自成軍に投降する。明滅亡後清に投降し、弘文院大学士となる。四八年、大同総兵姜譲の乱に呼応するも清に敗れ、殺される。

●李・張割拠図（一六四四年）

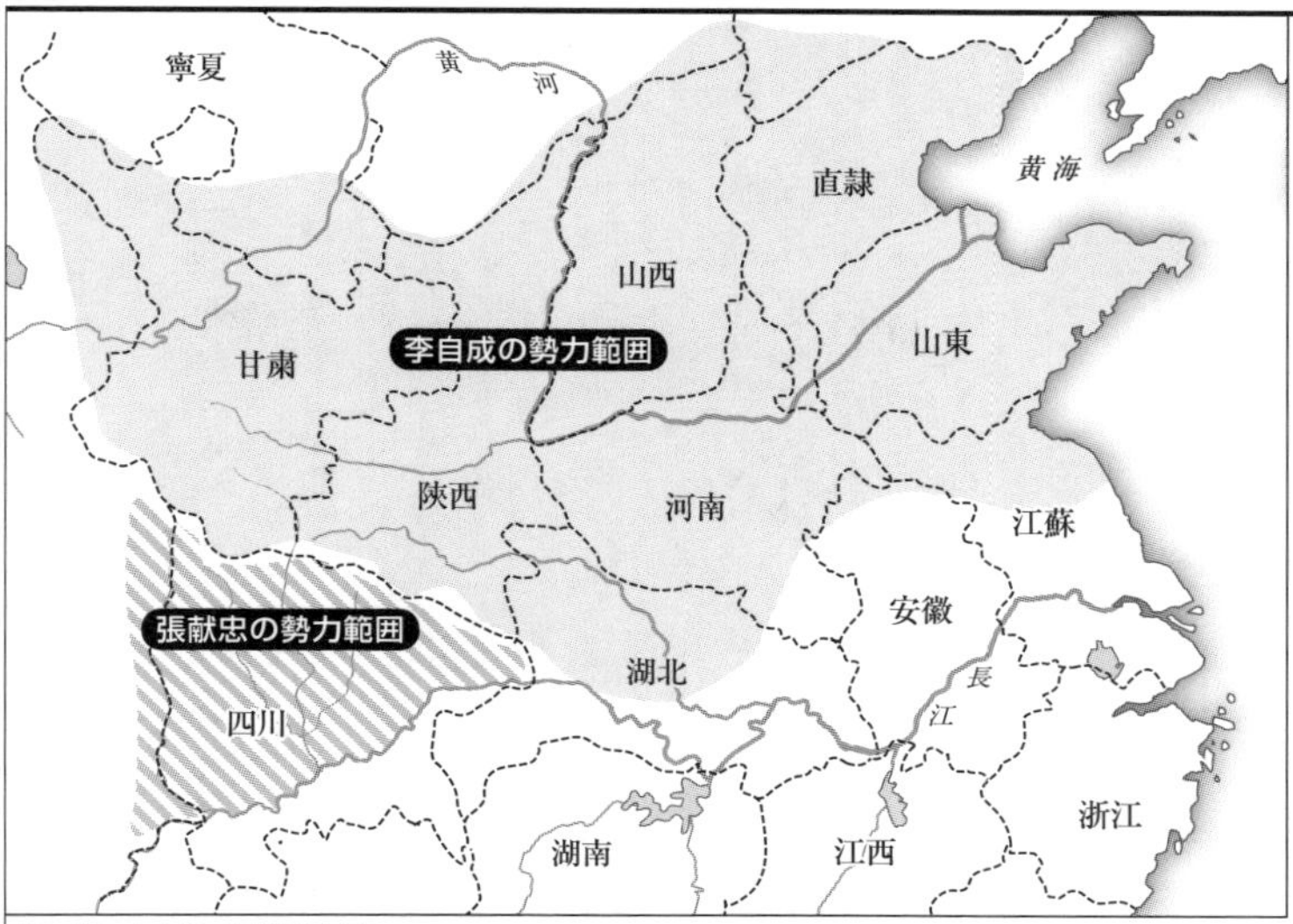

〔出典〕李文治『晩明民変』

●清軍と大順軍作戦図（一六四四～四五年）

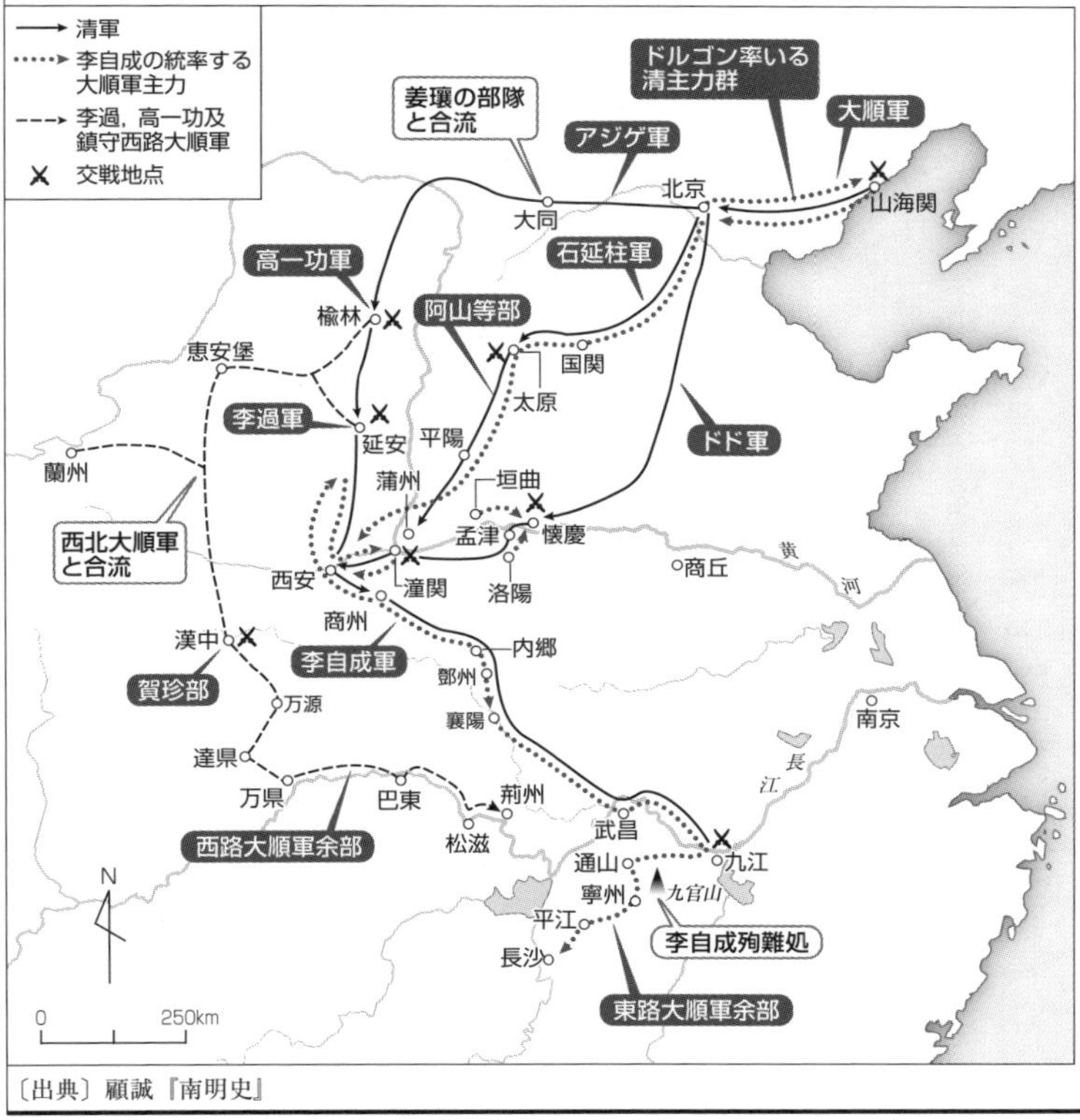

〔出典〕顧誠『南明史』

の援勦《えんそう》総兵左良玉を寧南伯、しばらくして劉澤清《りゅうたくせい》も平東伯に封爵した。大順軍が北京に迫ったため、勤王に向かった呉三桂は遠方のため間に合わず、やってきたのは唐通だけであった。その彼も李自成軍を居庸関で迎え撃つため帝の裁可を待たず移動し、あげくのはてに三月十五日、総兵の監督のため派遣された宦官の監軍道・杜之秩《としちつ》とともに戦わずして李自成に投降した。こうして北京の守りの拠点である居庸関がなんなく李自成の手に落ちた。さらに李自成は明の命脈を絶つため、昌平県にある明の皇帝の十三陵▲を焼かせた。

北京での四二日間

一六四四年（崇禎十七）年三月十七日、大順軍は北京城下に到達した。李自成は北京城近くに臨時の総司令部を設置していたが、攻城の前に、割地講和の提言、ついで崇禎帝の退位（遜位）を条件に平和裏に権力の移譲をはたすべく、宣府で投降した明軍を監督する太監▲杜勲《とくん》▲を派遣した。北京の各城門の守備責任者は宦官の太監であったので、彼らの手引きで城上に引き上げられ、崇禎帝に李自成の意向を告げた。しかし十八日の夜になっても埒があかないので、大順軍

▼十三陵　北京昌平県天寿山麓にある、明皇帝の陵墓群。成祖永楽帝（長陵）以下天啓帝（徳陵）までの十二陵をいう。清初に加えられた崇禎帝（思陵）を入れて十三陵である。明の開祖、朱元璋《しゅげんしょう》墓（孝陵）は南京鍾山《しょうざん》にある。

▼太監　北京城には内府二十四衙門（十二監・四司・八局）の宦官組織が設けられた。各役所の長官を太監（掌印太監）という。

▼杜勲　宦官。宣府の明軍を監督する責任を負っていたが、一六四四年正装して郊外に李自成軍を迎える。李自成の意向を崇禎帝に伝えるため派遣された。紫禁城上に引き上げられたさい、守備太監に「我等の繁栄（「富貴」）は確実だ」といったという。

はついに攻撃を開始し、なんなく落城させた。

劉宗敏らにより北京が落城したとの報をえて、三月十九日正午頃、李自成は徳勝門より入城した。その出で立ちは冬、頭に北方の平民が着用する羊毛で織られた帽子（毡帽《せんぼう》）をかぶり、黒っぽい地味な色の衣服（青布）を着、雑色の大柄な黒馬に乗り、承天門（今日の天安門）にいたった。駅伝の一馬夫から、独眼竜になるなど生死の境を何度もさまよい十数年の風雪にたえ、ついに北京城をわがものにすることになった。万感の思いをこめて弓をとり、承天門上の扁額「奉天承運」の天の字を射たが、矢は「天」字には命中せず字の右下にあたった。

後継者として脱出させたはずの明の皇太子朱慈烺《しゅじりょう》と二人の弟（永王・安王）も逃げ切れず、李自成の内城への進軍を他の官僚とともに出迎え、その後彼らは劉宗敏預かりとした。崇禎帝は最後まで変装して城門の突破を試みるも阻止され失敗した。その十九日、文武官僚を招集するための鐘を打ち鳴らすも誰もいたらず、皇帝に付き従ったのはたった一人の宦官王承恩《おうしょうおん》▲のみであった。帝は大順軍で埋まった紫禁城を煤山《ばいざん》（景山）から見下ろし、絶望感のなかで縊《くび》れた。帝の死を見届けたのち、王承恩もそのかたわらで帝のあとを追った。

▼王承恩（？～一六四四）　宦官。順天（現在の北京）の人。崇禎のとき、司礼秉筆太監となる。

崇禎帝は死の直前、衣袖上に遺詔《いしょう》を残し、そこには次のような趣旨の内容が書かれていた。「自分は即位して一七年、一身を顧みず政務に励んだが、諸臣が自分を誤り事ここにいたった。地下の祖宗にまみえる面目もない。賊が自分の屍《しかばね》を裂くにまかせるが、百姓一人も傷つけないでほしい」と。享年三五歳であった。

二日後に二人の遺体が発見され、市民に示すため東華門外におかれた。明遺臣の願いで四月の初め、崇禎帝と皇后の亡骸《なきがら》を昌平県にある十二陵内の田貴妃の墓に埋葬した。かたわらに宦官王承恩の墓が建てられ、その石碑に一六四五(順治二)年、彼の忠義を顕彰すべく順治帝が碑文を記した。

崇禎帝は一八歳のとき、子どものいなかった兄の天啓帝の跡を継ぎ、宦官魏《ぎ》忠賢《ちゅうけん》に牛耳られた政治を一新したものの、完全に傾いた王朝の土台の上で清と流賊に対処し、明の再建をはたそうと日夜政務に励んだ。学問を好み勤勉であったが、性急に成果を求めて次々に失敗し、そのたびごとに、責任者を更迭、あるいは処刑した。一七年の在位中、その数は総督七人、巡撫一一人、内閣の大臣五〇人であった。

●―**北京城**　明代の北京城は南北七・五キロにおよぶ中軸線上に、重要建築物（宮殿・祭祀所）が配置されていた。宮城（紫禁城・皇城・内城・外城）の四重構造で堅固な防衛網を張り巡らす。また構造的に球に戯れている二匹の龍の姿がかたちづくられているのは、皇帝支配の観念を示す。太廟と社稷壇は龍の二つの眼、鐘楼と鼓楼が龍の尾を示す。三海（北海・中海・南海）と什刹海《シーチャーハイ》でもう一匹の龍をあらわす。

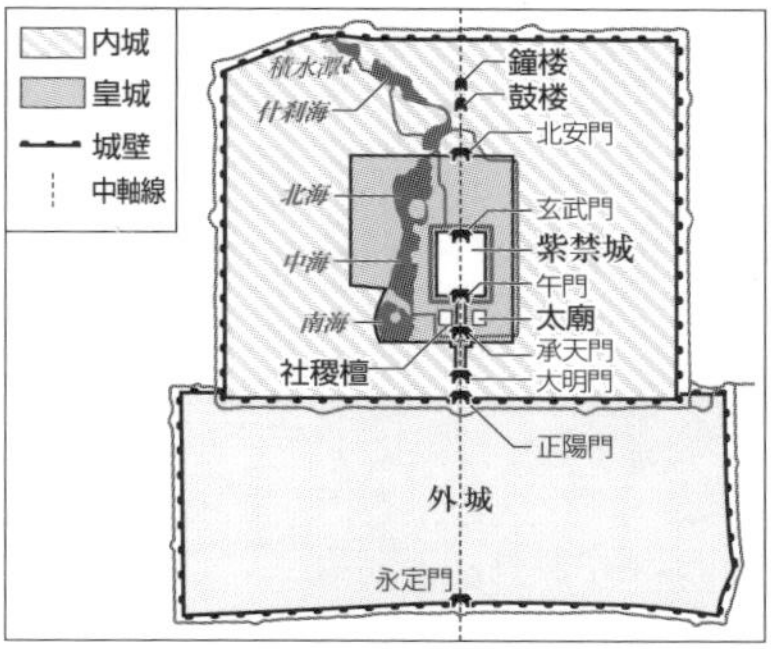

●―**崇禎帝最期の地**（北京市・景山公園）

●―**王承恩の墓のそばに建つ順治帝が碑文を記した石碑**

●―**崇禎帝の墓**（思陵、昌平県・十三陵内）

北京入城時、大順軍の規律は厳格であったので、北京城内の居民は門口に「大順永昌皇帝万歳」と大書したり、帽子上に「順民」の文字を貼り付ける者もいて恭順の意を示した。従来李自成軍は都市を占拠しても高度の警戒心から民家には居住せず、粗末なテントを使用していたが、勝利が確実になった首都北京では、李自成軍の高級武将が明の勲戚や有力高官の邸宅を占拠した。例えば劉宗敏が外戚の都督田弘遇《でんこうぐう》宅を、李過が同じく都督袁裕《えんゆう》の邸宅を占拠している。また重要文官は富民、巨室に分散し、一般兵士は民居に分散し街道・胡同にも充満した。なにしろ数十万の兵士が集中したため、市民とのトラブルも増加し、そうした案件の処理に慣れていない首脳部の不手際もめだってくる。制将軍の李岩は、兵士を郊外に移して市民とのトラブルを避け、軍事訓練と変事に備えるべきと提言するも受け入れられなかった。

北京大順政権の官僚組織

北京中央政権および、すでに設置した地方行政区以外の地域では、以後に軍事占領を予定する地域や江南や四川に、派遣する地方官を任命する必要が生じ

▼品級(品官)**制**　官僚の等級をあらわす制度。古代より継承され、明清では文官は九品、武官は六品、各品は級ごとに正・従に分けられるので、文官は十八級、武官は十二級である。各品級ごとに年俸、服装と使用する帽子・帯の色・模様などが定められ、外観からその官の地位が判明する。

▼三品官以上の文武大官　皇帝独裁体制の中枢部分の構成者。皇帝・王族上層とそれらの姻戚、およびそれらを管轄する役所の上級官、三公・三孤、公・候・伯の封爵者。六部・監察・司法など中央官庁の長官など、地方三司(布政使・按察使・都指揮使)、武官では五軍都督府上級官(都督・都督同知)などを含む。

▼太倉庫　租税折銀(銀納)の施行により、(正統七年)太倉庫が創設された。同庫は中央に送られる銀の貯蔵庫で、六部の戸部が管轄した。

▼挟棍　自白を強要する刑具の一つ。棍棒と大縄で踝《くるぶし》を挟み痛めつけ、ときには踝を砕き廃疾にいたらしめる。右は清朝、左は明朝の挟棍の図。

ていた。新たに実施する科挙試の選抜者だけではとても対応できないので、即戦力となる投降した旧明の官僚を選抜するしかなかった。

北京が破られて数日以内に文武の有力者、文官では内閣大学士の範景文《はんけいぶん》、勲戚で新楽侯劉文炳《りゅうぶんへい》ら四十余人が自殺した。そのほか大順軍に殺された者も多い。問題は大順政権に就官を希望する数千人をどのように分類・活用するかであった。大順政権が打ち出したこれら明の高級官僚に対する原則は、品級制▲上の三品以上の文武大官▲は採用せず、李自成軍の武官の営に送って追贓助餉の対象とし、規定の額に足りない者、あるいは拒否する者に対しては徹底的に拷問して貯め込んだ財産を吐き出させるといったものだった。この結果、明の最後の宰相・陳演をはじめ多くの者が刑死している。皇戚に連なる勲戚に対しては制限を設けず、生命と財産を奪った。集めた銀は七〇〇〇万両におよび、平和時の太倉庫《たいそうこ》▲の年収入銀四〇〇万両の一七倍以上であった。

追贓助餉策は一般の富戸に拡大する兆しもみえてきた。北京でのこの政策の執行は三月二十七日から開始されたが、劉宗敏がもっとも熱心で、新たに開発した新式刑具「挟棍《きょうこん》」▲を用い、彼の館に拘留された高官から多くの犠牲者を出した。四月八日、さすがに呉三桂対策や北京市民の反感を考慮し、李自成は劉宗敏を説得して拷問を中止、拘留中の旧明官僚を釈放させた。四品以下の各官には銀などを自主的に出させ、素行に問題なければ多くは受職させる方針であったが、実際の受職者は二百余人であった。

この旧官僚の任命の中心になったのは宰相・牛金星《ぎゅうきんせい》、宋献策《そうけんさく》、宋企郊《そうきこう》、顧君《こくん》恩《おん》らである。一六四〇年以降に加わった、科挙試でいえば進士出身の宋企郊などもいるが、生員・挙人段階の学位取得者が実権を握り、進士出身者を選抜している。三月二十三日、四回にわたって採用者が発表された。第一回(第一榜《ぼう》)では九十余名が発表され、そのなかには六部の高級官や将来皇帝の側近として意思決定に参与すると期待される何瑞徴《かずいちょう》(弘文館掌院《しょういん》学士)、周鐘《しゅうしょう》▲(編修または検討、上段館選の解説参照)、光時亨《こうじきょう》(兵諌)らが含まれる。とくに明滅亡一年前に実施された一六四三年の進士に合格した者のうち、選抜されて館選▲に選ばれた将来の皇帝側近となる高官の候補者のうち三六人もが大順政権に加わっている。なかでも江南の江蘇金壇県の名士であった周鐘は、牛金星の信頼も厚く、彼の参加は注目された。第四榜では各省の州牧(知事)や県令(知事)が任命され、

▼周鐘　一六四三年の進士、庶吉士となる。二〇年にわたり文壇の指導をする。郷里では明の滅亡時、「忠孝激発の気を以て自任」する周鐘は当然自殺したものと考えられていた。現実は大順政権の文官の長、牛金星の信用絶大で弘文館簡討に任命され、噂では勧進表・登極詔・江南策などを執筆したと伝えられ、その役割がきわだっていた。李自成軍の敗走で帰郷した周鐘は、ほかの「降賊諸臣」とともに、一部地域の生員による反従逆運動の対象とされ、一六四五年四月、南明政権を牛耳る馬士英らに殺害された。

▼館選　明代では不定期ではあるが、科挙試の最終の殿試合格者のなかからさらに優秀者を選抜して、翰林院の庶常館で研修させた。彼らを

大順北京政権が早く崩壊したので赴任することはなかった。なお四月二日には黎志陞《れいししょう》(太原でくだった山西学道)を試験官として北京順天府所属の生員に試験が課され、合格者には官職が授与された。こちらも、李自成軍の早期撤退で役割をはたすことはなかった。

呉三桂・清連合軍との戦い

寧遠城放棄政策の決定で、総兵呉三桂は首都北京防衛に投入されることになった。一六四四(順治元)年三月十五日、李自成に投降した居庸関総兵・唐通は、李自成の意向を受けて呉三桂に投降を説得した。李自成の人物を褒めたたえ、呉三桂と父親の呉襄《ごじょう》▲ともに侯爵に封じるなどの条件を伝えた。これを受けて呉三桂および山海関総兵・高第《こうだい》は投降の意志を固め、軍を率い北京に向かった。しかしその途中、玉田《ぎょくでん》県で出会った呉三桂の家人から、北京で彼の家族が拘束され、愛妾の陳円円《ちんえんえん》▲を劉宗敏に奪われた話などを聞き、李自成への投降の意志を改め山海関に引き返した。

山海関守備を命じられた唐通軍が呉三桂軍に敗れたため、李自成は牛金星に

庶吉士と呼ぶ。翰林院は皇帝側近の顧問的な役割をもち、成績優秀者は侍読・侍講・修撰・編修などの職官についた。翰林院に入館することは将来内閣大学士として入閣する可能性もあり、世間の羨望の的であった。

▼呉襄　揚州高郵《こうゆう》(現在の江蘇省)の人。天啓の武(武科)進士。遼東での戦功により総兵官に昇進する。一六四四年、提督京営となるも李自成にくだる。李自成の命で息子の呉三桂を招請せんとするも失敗し、山海関戦の役での敗戦後、李自成に斬殺される。なお呉三桂は父の蔭(父の勲績で子が官を得ること)で武将となり、寧遠で清軍を食い止めた。明から平西伯に任命されたのち、清にくだって平西王に封ぜられ、先兵となって清の統一に貢献した。

▼陳円円　江蘇武進県の名妓。崇禎帝皇后周氏の父親、嘉定伯周奎《しゅうか》が、蘇州で買い求め、のち呉三桂に譲る。劉宗敏に掠奪されるが、ふたたび呉三桂のもとに帰る。

代筆させた親書を呉三桂に与える一方、四月十三日、李自成・劉宗敏が大軍を率い、父親の呉襄と故崇禎帝の皇太子を筆頭とした三人の子、殺さず生かしておいた秦王(西安)・晋王(太原)を帯同して山海関に進軍した。呉三桂の有する関寧(山海関・寧遠)の兵五万人では大順軍には太刀打ちできない。そこで呉三桂は使者を敵将ドルゴンに送り、崇禎帝の敵を討って大義をはたすために救援してほしいと要請した。ドルゴンはこれを受け入れ、ついに清軍に対する最後の防御拠点であった山海関は清が直接明を滅ぼすのではなく、明を滅ぼした流賊討滅の援助をするという大義名分をえて中国内にはいることができた。呉三桂はこの代償として財宝や割地を考えていたが、ドルゴンは藩王に封じる条件で投降を要求し、彼もこれを受け入れた。

四月二十一日、大順軍が山海関に到着し激戦が展開された。翌二十二日、完全に劣勢に陥った呉三桂はすでに山海関近くに陣を敷いていたドルゴンのもとに属官と地元の有力郷紳を引き連れ、すぐに来援してほしいとの要請をおこなう。ドルゴンは満を持していたが、一方の李自成側は清軍に対しまったく警戒心をもたず、清と呉三桂が結ぶことは想像だにしていなかった。そのため、清の大軍の急襲を受け、大順軍は大敗北を喫した。劉宗敏も負傷し、ほうほうのていで夜通し北京に向け撤退し、途中、呉襄を斬殺した。

大順皇帝即位と北京撤退

清・呉三桂連合軍は大順軍を追って北京に向けて進軍を開始した。李自成は、清軍の軍事力が強大なうえ、北京の情勢も不安定なので、西安に撤退し、地理的にも険固な陝西で体制を立て直すことを決定した。そのさい、資金として内裏の金銀や追贓助餉した金銀を千両ごとに鋳て一餅とし、数万餅と大量の財宝を持ち出そうという、牛金星の提案を受け入れた。別に大順軍は各自もてるだけの財宝を身につけた。

すでに西安・北京で大順国としての形式を整え中国の統一が現実味をおびてくると、大一統の中心として李自成の皇帝化が急がれていた。牛金星や礼部がその中心となり、また民間から、あるいは投降した明の官僚らからさかんに即位要請の勧進がおこなわれた。一六四四年四月二十九日、清・呉三桂(清は四月二十六日、呉三桂を平西王に封爵)連合軍の迫るなかで、北京撤退直前に急遽、

▼武英殿　万暦年代の火災で焼失した紫禁城三殿の修復が完成しなかったため、李自成は武英殿で政務を執り、彼の即位の儀式、さらには清の順治帝の即位の儀式もここで挙行された。清の一六八〇年以降は、清朝官営書物の編纂・印刷出版がおこなわれた。

紫禁城の武英殿▲で即位の典礼を挙行し、牛金星が即位を天に告げる郊天礼《こうてんれい》を代行した。こうして大順国皇帝、天命を受けた仁義ある君主として中国史上に名を留めることになった。翌三十日早朝、前日から集めた草・竹木などを各城門や宮殿に積んで放火し焼いた。撤退は大順軍の先頭が李自成、ついで劉宗敏《りゅうそうびん》、最後尾は谷可成《こくがせい》、左光先《さこうせん》が清・呉三桂軍と戦いつつ自軍の西進を援護した。

　李自成軍北京撤退の報をえて、ドルゴンはアジゲ・ドド・呉三桂らにあとを追わせ、自身は一部の軍を率いて北京に向かい、五月二日、焼失をまぬがれた武英殿にのぼった。北京の人々は呉三桂が李自成を打ち破り皇太子を奪還、即位させると期待していたが、胡服辮髪で意味不明な言葉を話す満州兵で埋まった状況から、清朝により占領されたというその現実を知る。ただし、民衆慰撫を通達し、北京の治安維持を優先した清軍の規律は厳格で、明時代のいっさいの加派（臨時税・三餉）は免除することを宣言した（実際は軍費の不足から額のもっとも多い遼餉《りょうしょう》が当面残された）。また、旧明の官吏はもとのまま採用すると通達した。ただし清朝に従う証として官吏軍民は剃髪《ていはつ》し、衣冠は清朝の制に従うことが義務付けられた。清・呉三桂軍との戦いで、李自成軍殿軍の谷英《こくえい》が、戦闘で犠牲になった。旧大学士・馮銓《ふうせん》▲、紳士、明の元軍官らの起こした涿州《たくしゅう》の乱で李自成は右臂を射られている。

　清・呉三桂軍は優勢な勢いで進軍したが、五月十二日、北京と畿輔《きほ》、山東の占領を強固にするため、北京への帰還命令が出された。かつて李自成は、北京占領と並行して山東から揚子江北岸の江北にかけ、漕運路の確保と軍閥化した旧明の将軍、黄得功《おうとくこう》・高傑《こうけつ》らの招撫《しょうぶ》とその地の軍事占領を実施しようとした。四月六日、淮鎮制将軍に任命され、一五〇〇人の兵を率いた董学礼《とうがくれい》（明の寧夏《ねいか》花馬池《かばち》副将軍）が運河沿いに南下し、五月初めに江蘇宿遷《しゅくせん》県に到達した。そのほかにも何人かの将軍と文官が南下している。清・呉三桂軍に対する北京への帰還命令は、こうした江北へ進出する大順軍への対策でもあった。したがって清軍移動の再開は、山東から江北の支配にめどがたった六月にはいってからである。

　江南では四月末、崇禎帝の死と明滅亡の事実が確認され、明の後継者として李自成軍に殺害された福王の子・由崧が混乱▲のすえ選ばれ、五月十五日に南京武英殿で即位し弘光帝を名乗った。このため、江蘇・浙江・安徽《あんき》・湖北・湖南

▼馮銓（一五九五～一六七二）　順天涿州の人。万暦の進士。官は戸部尚書、武英殿大学士となる。天啓のとき、宦官魏忠賢《ぎちゅうけん》一派にくみする。崇禎初年罰せられ民となる。一六四四年清にくだり、翌年礼部尚書となる。

▼混乱　副都南京では崇禎帝の死後、早期に後継皇帝を決定する必要があった。候補者として潞王朱翊《ろおうしゅう》鏐《りゅう》の子常淓を推す東林・復社系と、福王朱常洵の子・由崧を推す馬士英ら両派の争いとなった。結局由崧が弘光帝として即位した。

の一部地域に影響力がおよび、清・呉三桂勢力、大順軍、南明とこれに張献《ちょうけん》忠《ちゅう》の大西軍を加えると四つの勢力がかさなり、複雑な様相を呈していた。

李自成は西安に一六四四(順治元)年六月に帰り、翌四五年一月までおよそ六カ月滞在した。かつて李自成は破竹の勢いで北京に攻めのぼったさい、軍事占領した山西・河南の主要都市には自軍の武将と投降した旧明の武将、および行政官をおいたが、非常時ゆえ具体的統治にまではいたらなかった。大順軍が清・呉三桂軍に追われて西安に撤退する状況下で、各地の旧明の武将、官僚や紳士層に動揺が起こり、離反の動きが表面化した。清側では旧明の武将に積極的に大順軍からの離反と清への投降策を進めた。姜瓖・唐通・薫学礼らはこのとき清に投降している。

一六四四(崇禎十七)年三月、大同総兵・姜瓖は大同城を開門して李自成にくだり、その後大順軍守将張天林《ちょうてんりん》(綽名過天星)とともに大同防衛の任にあたった。しかし五月頃には大順軍に反旗を翻す意志を明らかにし、大順のお目付け役の張天林を殺し、彼らの財産を奪い清に投降する。

もと明の居庸関総兵であった唐通は、李自成軍に三月十五日に投降したため、李自成の北京への進軍を容易にし、その後呉三桂に李自成にくだるよう説得して一時成功したかにみえた。だが呉三桂の翻意で、山海関守備の命を李自成から受け、呉三桂と山海関で戦うはめになった。李自成軍の撤退で将軍李過《りか》とともに移動し、陝西との境界にある山西側の保徳《ほとく》に駐兵する。彼はすでに大順軍に見切りをつけ、清の総兵となった姜瓖に投降の意を伝え、ドルゴンからも書信を受け取っていたが、正式の投降は九月までずれこんだ。その理由は太原をはじめとして大順軍の残存勢力が多く、西安にもどって体制を立て直した大順軍の来襲も考えられたからである。しかし九月に対岸の府谷に駐屯していた李過の兵をおそい、また李自成の故郷である米脂《べいし》県をおそって再建された彼の祖先の墓を暴き、親族を殺害した。こうした成果を背景に清に投降し、山西北部はついに清の支配下にはいった。

畿輔・山東・山西の統治が安定し、以後中国統一を進めるため、一六四四年十月一日、ドルゴンは順治帝を紫禁城に迎え、即位の典礼を挙行した。ドルゴンは十月、英王・アジゲ、平西王・呉三桂らを陝西北部と西安方面へ、和碩《ホショイ》豫《よ》親王・ドド・洪承疇《こうしょうちゅう》らに江南の平定に向かわせた。しかし山西の太原攻防戦で勝利したものの、山西東南、黄河以北の懐慶《かいけい》の戦いで清軍が敗れたため方針を変更し、急遽ドドらの軍を陝西に向かわせた。こうして西安の李自成軍は、陝西北部からと、黄河沿いの東部より潼関の占領をめざす清軍の二方向からの攻撃にさらされることになった。陝西西北地区には李自成の武将と旧明の投降武将が統治していたが、薫学礼は、李自成の西安帰還でともに移動し、懐慶地区の戦いで敗れて清に再投降した。その後、彼は清のために、固原《こげん》総兵・白広《はくこう》恩《おん》、蘭州総兵・鄭嘉棟《ていかとう》らを次々に投降させ、その功績で鳳翔《ほうしょう》総兵に任じられた。

潼関

李自成の死

大順側では要衝の楡林城で高一功《こういっこう》が、清に投降した大同総兵・姜瓖らの清軍に激しく抵抗したが、戦力差が大きく一六四五(順治二)年一月撤退する。東進する清軍の陝西入境を阻止するため一六四四年十二月二十九日から翌年一月十二日までの一三日間、潼関で死闘が繰り返されたが、大順軍はついに敗れた。西北の拠点である楡林《ゆりん》と潼関が陥落したため、李自成は西安の放棄と河南方面への移動を決定した。一六四五年一月末、田見秀《でんけんしゅう》に対し清軍に使用できるもの

潼関城内景（一九三〇年代撮影）

を残さないよう西安城の放火を命じ、李自成軍は先発した。河南の商州・鄧《とう》州から襄陽・武昌に、さらには財富の地、南京に向かおうとした。清軍に追われた李自成軍の移動は、流賊のときと同様、幹部および精兵らの家族を老営に帯同していたので、行軍は緩慢にならざるをえなかった。途中、徳安府には李自成の武将、果毅将軍・白旺《はくおう》が二年近く周辺の都市と山寨に影響力をおよぼしていたが、李自成は白旺の反対を押し切って行動をともにするよう命じた。この結果この地域の大順地方政権は消滅し、清の支配下にはいった。武昌には南明の弘光政権の総兵・左良玉が駐屯し、大順軍の南京への進軍を阻止する役割を担っていたが、荊河口の戦いで李自成軍に大敗した。

清側では西安占領後、もとの軍事路線にもどし、ドドらに南京による弘光政権を攻撃させ、アジゲと呉三桂軍に陝西から大順軍を攻撃させたため大順軍は南北から清軍に挟撃されて、中間に弘光政権の左良玉軍がいる配置となった。三月下旬、左良玉軍は弘光政権の実権を握る馬士英▲・阮大鋮《げんたいせい》を除く名目で全軍を南京に向け移動させたので、李自成軍は空になった武昌城を占拠した。しかしアジゲ軍が迫ってきたので二日滞在しただけで、霧と暴風のなかを南下する。

▼**馬士英**（一五九一～一六四六）　貴州貴陽の人。万暦の進士。一六三二年、右僉都御史をもって宣府を巡撫す。しかし公金横領、収賄などの罪で失職し、南京に流される。四四年、福王を南京に擁立し弘光政権を牛耳る。四五年、清軍に殺される。

揚州防衛を指揮する南明の史可法《しかほう》は投降を最後まで拒否して戦ったが、ドドに率いられた清軍は同年四月下旬に史可法のよる揚州城を破り、五月下旬には福王が清にくだったため、李自成軍の南京占領は不可能となった。

李自成軍はアジゲらの軍に追われ四月下旬、江西九江に、さらに江西と湖広の交境、九宮山《きゅうきゅうざん》に追い込まれる。その結果、周囲数百里の狭い地域に二〇万にものぼる人馬が集中した。清軍は老営に突入し、西安からの南下途中、八回めの戦闘で李自成軍はついに壊滅し、指揮系統はずたずたにされた。劉宗敏はとらわれてアジゲ軍中で殺され、軍師・宋献策は投降し、多くの李自成軍武将の妻子が捕虜となった。

一六四五(順治二)年五月初旬(六月初旬説あり)、死亡の伝えられていた李自成は武昌府通山県の九宮山嶺に一八騎(二八騎などの説あり)を引き連れてあらわれた。大順軍の進出で緊張していた地元の武装組織、郷勇の頭目・程九伯《ていきゅうはく》は集団が少ないのを見て部下を引き連れ突撃してきた。彼はこの小集団が李自成の集団であることも、さらに格闘した相手がふもとに部下を残して一人で山上で祈っていた李自成自身であることも知らなかった。李自成は程九伯を組み伏

李自成終焉の地に建つ碑（九宮山、湖北省咸寧《かんねい》市）

李自成の墓　李自成は武昌府通山県の九宮山中で殺害され、墓が築かれている。

夾山寺　李自成僧説が清初以来流布された。彼は九宮山では死なず、以後削髪して湖南省澧州石門県夾山寺の僧（奉天玉和尚）となり、一六八一年前後まで生きたといわれ、同地に墓が造られている。

せ、刺殺しようとしたが、血糊で刀が鞘から抜けず手間取っているあいだに、叫び声を聞いてかけつけた程の甥により背後から刺殺された。

主を失った大順軍は指揮系統が混乱したうえに食糧不足もかさなり、六月以降八月にかけ、各武将に率いられて続々と清に投降した。八省の総兵官を統率する総督に任命された佟養量《とうようりょう》が清中央に伝えた報告では、大順皇帝に封爵された侯・伯爵、総兵らに率いられた兵士は二二万をこえた。彼らに江南や荊州に生活基盤を持たせ、江南から湖南・四川の南明政権とその支持者や四川の張献忠と戦うため、荊州と岳州に配置し即戦力として期待した。しかしかつて大順軍白旺の武将(荊州副総兵)から清に投降し、荊州総兵に任じられた鄭四維《ていしい》は、以前の仲間たちが清の招撫を利用して再蜂起の準備をしており、八省総督の佟が彼らの投降が本物でないことを見抜いていないと批判している。事実、李自成の武将九部は再蜂起し、永暦朝滅亡後は夔東《きとう》十三家▲として一六六四(康熙三)年まで、反清運動の中心として活動した。

▼夔東十三家　明の四川夔州府の東から湖広・四川の境界の山岳地帯に集結した大順軍余部を中心にした抗清集団。一六五〇年頃より順次各集団がこの地域に移動し、各自の基地を形成した。李自成・張献忠が一六四五、四六年にあいついで戦死後、抗清運動は永暦朝(桂王政権)が担った。明の遺臣と武装力、張献忠の余部(孫可望、李定国ら)が軸となり、海上の鄭成功とも連絡した。李自成余部の李過らもこの永暦政権に連なった。しかし政権は清軍に押され、広西から西南奥地に追いやられ、その間、大西軍内の対立(孫可望と李定国の戦闘)、大順軍に対する蔑視などの内部対立から、大順軍余部がしだいに離脱せざるをえず、さきの地域への移動となった。一六五〇年、永暦帝が処刑され李定国も病死したため、抗清闘争は夔東十三家のみとなった。増強された清軍により次々に破られ、一六六四年、李来亨《りらいきょう》が長期包囲のなかで自殺して滅亡する。

⑤—中国史と李自成

未完の大順王朝

ここまで、陝西《せんせい》北部の窮乏化した地域から発生した李自成ら流賊の展開をとおして、華北民衆を窮乏化させた原因を明らかにしてきた。つまり、過酷で不公平な賦と役の徴収、正税に匹敵するほどの土地付加税としての遼餉《りょうしょう》をはじめとする三餉の徴収、華北・華中に封建された王族による収奪、および商業流通上の不公平などが大きな要因であった。一方で、王族・郷紳《きょうしん》・大商人は、こうした王朝に寄生しつつ独自に土地を収奪し、商業行為の不公平・不正により財産を集積していたのである。流賊は彼ら支配層の姿を明らかにし、徹底した追贓助餉をおこなって、その財産を逆に収奪した。民衆に対し当面の税の免除(北京撤退ののち、河南地方の一部などでは税の徴収)、均田免賦(土地均分ではなく、正確な資産評価による公正な賦役の徴収)、平買平売(公正な売買)を提起した。北京の最後の時期を除く大順《たいじゅん》政権時期の軍の規律は厳正であった。

だが樹立された大順王朝はまったく未完成であった。襄陽、西安、北京政権時期に獲得した支配領域はほぼ長江以北の地域(陝西・山西・河北・山東・河南・湖北など)で、一部は張献忠《ちょうちゅうけん》と競合した地域も含まれる。しかし長城以北、経済・文化の中心地であった江南、沿岸部を含む華南地域までは力がおよばず、結果として支配は中国全土のおよそ二分の一にとどまった。しかも大順政権支配地域の軍事支配と行政的統治、秩序の掌握状況といえば、各軍管区に将軍と兵士がおかれたものの、本隊が移動してしまうと地元の郷紳・土豪層の組織した郷兵・堡寨の兵に破られてしまった。したがって「行政」をともなう地方統治は実態として確立できていなかったのである。

李自成が北京で皇帝に即位した年、張献忠も四川の成都で大西《たいせい》王朝皇帝として即位した。両雄は最後まで対立し、流賊の二極化は未統一のままであった。一六四四年は中国全土に清・南明・大順・大西の四王朝が並存し、李自成は西安撤退後、南京に向かい財府の地、江南の占拠をめざしたが清にはばまれた。

ところで短期間で滅亡した大順王朝は存続していれば、どのような王朝になることが予想できたであろうか。農村・都市の一般民衆が期待した大順政権のいうスローガンに即した内容を実現するためには、強大な権力を構築し、養民政策を実施せねばならない。大順王朝は政権の基盤としてどの階層を考え、いかなる秩序と支配を整備する必要があったのであろうか。流民・小農民層が支配層となることはこの時期ありえないから、旧支配層との関係が問題となろう。流賊の李自成軍が襄陽政権を樹立し都市支配をおこなった時期、官僚としての文人層の役割が増してくる。挙人牛金星《ぎゅうきんせい》や生員層が中心となり、民衆の評判の良い現役官僚や郷紳に政権への参加の呼びかけがなされた。やがて大順王朝が明を倒壊にいたらしめる時期になると進士出身の現役官僚の参加もみられるが、李自成らの指導層に決定的な影響を与えることはなかった。また、皇族たる勲戚層と原則三品以上の大官は官僚として登用されなかった。むしろ北京政権時期に顕著だったのは、秦、晋二親王の例外はあるものの、王族が収奪・消滅の対象となったことである。

明の建国者の朱元璋《しゅげんしょう》はモンゴルと戦い、他の反乱集団と統一を争うなかで、宋濂《そうれん》▲ら朱子学の大儒の影響を受け、自らも朱子学的知見を獲得していった。建国後は元末の大商人・不在地主層を徹底的に抑圧し流通経済を抑え、経営地主や自作農層を軸に自給自足的な自然経済体制を樹立した。李自成にはそのよう

▼**宋濂**（一三一〇〜八一）　今の浙江省浦江の人。著名な朱子学者。元朝に請われるもつかず。一三五九年に朱元璋に請われ、劉基《りゅうき》らと参加して以後、常時、朱元璋の左右に仕える。朱元璋は彼ら儒者から講義を受けて積極的に知識を吸収、紅巾軍を否定し儒教主義による国家建設をめざす。宋濂は明の法制・制度の立案にたずさわり、翰林学士、国子司業につき朱子学に基づく教育と教育行政部門を担当、十余年にわたり皇太子の補導にも携わった。

な有力知識人の思想的影響がみられず、側近の文人の牛金星・李岩《りがん》らによる民衆への実際政策には影響を受けたものの、王朝としての統治思想と体制樹立の展望を有するにいたる時間もなかった。

北京政権時期に参加し牛金星の信をえたと伝えられる周鐘《しゅうしょう》、あるいは一六四三年進士に合格したエリート層、楊観光《ようかんこう》▲らは李自成に影響を与えるにはあまりにも時間がなさすぎた。

李自成の皇帝化も未完成であった。李自成自身も牛金星ら文人が皇帝化を急いだ時期には、皇帝儀礼に関する秩序形成の初歩的理解の学習段階にあり、側近の武将にとっては、さらにその理解は難しかった。なぜ李自成を複雑な儀式にもとづき崇拝せねばならないのか。彼らにとっては、儀式よりも急を要する清・呉三桂連合軍との戦闘準備が先であった。戦闘の戦略を宮殿内で車座になって酒を酌み交わしながら、李自成を同等者の第一人者として、「俺」「お前」と従来どおりの仲間意識で議論するのが状況に合っていた。さらにいえば「好皇帝」として漢民族中心の中華帝国の再建をおこなうさい、長期にわたり敵として戦ってきた支配層、紳士あるいは郷紳層との関係をどうするか、どの部分

▼楊観光　山東登州招遠の人。一六二八年進士。明より右庶子兼侍読に任命される。李自成の北京占領のさい、劉宗敏《りゅうそうびん》をとおして李自成に謁見し、礼政府（明の礼部）右侍郎に任命される。天を祀る（郊天）のさい、皇帝が酒色をひかえ、女色を近づけず、刑罰をおこなわない理由を問い、彼の解答内容を気に入った李自成に、以後、常時進講するよう要請される。四月三十日、西安に向け北京脱出のさい、李自成に同行を求められるも拒否したため殺される。

と連合しどの部分を排除するのか、満州族・モンゴル族との関係をどうするのかいまだ定かでなかった。

なぜ短期間に敗れたか

大順政権がなぜ短期間に終わったかについて、一九六〇年代の中国での農民戦争論争の最盛期に、呉三桂や地主階級の裏切りのため、戦力は十分あったのに内部腐敗が進んだため、などの理由が挙げられた。李自成は当面、北京での大順国樹立の仕上げは山海関による呉三桂対策（招撫《しょうぶ》、討伐）であると考え、呉が直接戦っていた清と結びつくことは想定外であった。また李自成による清への警戒と対策に関しての記述は史料上にみられない。巨大化した軍事力と経済力をもち、王朝を樹立した清朝に対し、李自成とその周辺が無警戒であったのはなぜであろうか。

土木の変▲以降、馬市《ばし》貿易を禁じられたモンゴル族は長城をこえて陝西・山西へ侵入し、人・家畜などの動産を掠奪したのに対し、明は長城を起点に軍による防御を強化した。一方で十六世紀後半、中国では一五五〇年代をピークとし

▼**土木の変**　一四四九（正統《しょうとう》十四）年、土木堡（河北省懐来）でのオイラトとの戦いで明軍が大敗し、親征した皇帝、正統帝自身が捕虜にされた事件。明では帝の弟を景帝とし、将軍于謙《うけん》などが北京城で徹底抗戦した。そのため、正統帝を拘留しても利益のないことを悟ったオイラトの統一者エセンは五〇年、帝を送還し和議を成立させた。

てこうした辺境地域にも銀が流入し「華夷わかたぬ」状況が出現し、漢民族も長城をこえてモンゴル草原へ流れた。明末には長城で厳重にさえぎられているとはいえ、陝北《せんほく》地域の一般民衆のなかには密かにモンゴル人であるオルドス族が占拠したと河套地方と交流する者もあり、また、牧畜・農業などをはじめとした生活様式の類似性もあった。

初期の流賊集団にはモンゴル族、チベット族、回民ら今日の少数民族も参加し、そのなかでも有力流賊となった馬守王はとくに有名である。初期流賊のなかには明軍に追われるとオルドスの反乱集団(套寇《とうこう》)に逃げ込む者、支援を受ける者もあり、彼らには日常的に連絡があったことが想定される。結果的には漢族の明政府・地元の支配層と戦う構図を共有していたことになる。

李自成自身も、西夏を建国したチベットの党項《タングート》族に属したという説もある。また西安で大順政権を樹立したさい、自身の李氏の始祖を故郷の党項族の英雄で、西夏国の基礎をつくった李継遷《りけいせん》としている。大順政権は結局のところ、漢民族的王朝秩序をつくらざるをえなかったと想定されるが、非漢民族をどのように編成するつもりであったのか。むしろ李自成にとって漢民族中心の「中華」

王朝の自覚的転換は、この段階では不可能だったといえよう。

大順軍は強力な清・呉三桂連合軍や、いち早く清に投降した旧明軍の指揮官や華北の支配層の武装力と戦うために、辮髪令に反対する華中の支配層はもちろん張献忠とも連携できず、さりとてかつてのような多数の流賊集団に分かれて戦うことはすでに不可能であった。しかも大順地方政権を自立させることも認めず、結局敗れざるをえなかった。

清側には流賊と直接戦い、晩明の諸矛盾を知りつくしていた者が多くいた。例えば、投降した明朝の高官、洪承疇《こうしょうちゅう》らは流賊対策と中国統一のための提言をなし、率先して政策実現の先頭に立って清の中国統一に多大に貢献した。また、清軍は北京入城にあたっては規律厳正で、市民になんら危害を加えることはなかった。李自成軍に痛めつけられた明の高官や支配層に対し、辮髪して清に従い李自成・張献忠軍と戦い中国統一に協力するなら、無条件で明の原官に復帰させる政策をとった。そのため明の旧官僚の多くはなだれを打って清に参加した。明末の党争の当事者、宦官派の官僚とこれに対立した東林▲・復社▲系の官僚、さらには李自成政権の現役官僚さえ、清への参加を許可されたのである。

▼**東林**　一六〇四年、万暦前期の宰相張居正と対立し、罷免された顧《こ》憲成《けんせい》(一五五〇〜一六一二年)は、郷里の江蘇無錫《むしゃく》県で東林書院を立ち上げて士大夫に朱子学の立場で講学し、政治と官僚を批判し影響力を拡大した。天啓時代、これと対立した宦官・魏忠賢《ぎちゅうけん》と非東林派官僚(奄党)は、一六二五年に書院を閉鎖し大弾圧を加えた。

▼**復社**　復社は一六二八年、魏忠賢とその一派が中央から一掃されたのち、古学復興を標榜した周鐘の弟子張溥《ちょうふ》らが結成した応社を母体に全国の生員を中心に組織された結社。東林党子孫と連合し、残存する宦官党とその支持者を攻撃したので、小東林ともいわれた。

後者の顕著な例では、大順政権文官の長・牛金星の息子で自らも襄陽知府となった牛佺《ぎゅうせん》▲も重用された。牛金星自身も清に投降後、牛佺の邸宅で余生を終えたと伝えられる。

一〇〇万に満たない満州族が一億近い漢民族をなぜ支配できたのか。明朝が解決不能であった明末の課題にどのように対応したのか。満州民族の清がモンゴル民族を盟友として、どのように中華帝国を拡大・再建し、清の盛期（康熙・雍正・乾隆）を迎えたか。これらの課題は本書の言及の範囲内にはない。

中国史における李自成評価

李自成は、中華民国の時代まで『明史』をはじめとする史書にあるように、天命を受けた正当な王朝を武力で打倒した歴代流賊のなかでも、もっとも悪質で許されざる存在とされる。わが国でも文豪幸田露伴が『明史』の観点により李自成を悪者として描いている（『暴風裏花』）。

李自成の評価はつねに現代中国の政治闘争のなかにあった。李自成の乱が現代においてとくに注目されたのは一九四〇年代である。日本の侵略時、中国内

▼**牛佺**（一六一六〜七〇）　河南省豊宝県の人。生員。大順国文官の長牛金星の息子。父親に従い李自成軍に参加し、襄陽府知府となる。大順国崩壊後、清に投降、そのまま黄州知府に任命され、ついで湖広糧儲道に栄転する。投降したもと明の官僚から、牛金星父子の厳罰を要求する上奏が何度もなされるが、順治帝は心からの投降であるとしりぞけた。最近まで宝豊県城衙前街に「牛佺碑」（墓碑）があったが、現在は不明。

での国民党と共産党の対立という構図は、明末における異民族としての清・明・李自成らの流賊の三者鼎立の構図と比定された。国民党側は、「李自成らが崇禎帝に協力して異民族の清と戦うべきであったのに、明を滅ぼし清の中国侵入を容易にする利敵行為をおこなった。これと同様、日本侵略の時期、共産党は政権党の国民党に協力して日本と戦うべきなのに国民党と戦うことは利敵行為であり、歴代の流賊と同じである」と主張。一方の共産党は、郭沫若が『甲申三百年祭』で述べたように、「明を倒したのは正当な行為で李自成に罪はなく、清に征服されたのは呉三桂や牛金星、崇禎帝に責任がある」とする見解を支持したのであった。

毛沢東はすでに共産党内で指導権を確立し、一九四四年には抗日戦に勝利して国共内戦に突入する前夜にあり、流賊・李自成の乱に教訓を求めている。前近代の偉大な農民戦争の指導者として李自成を評価するとともに、どうして敗れたのかを分析し、諫《いさ》めとした。一つは李自成軍の都市占領、とくに北京占領時の慢心と秩序の乱れは、今後、共産党の農村根拠地から都市占領にあたり教訓とする。二つは従前より紅軍内にあった根拠地を重要視せず、都市を飲み食いの場所と考える流動主義の代表であり、これを克服すべしとした。

中華人民共和国成立後、「反帝国主義・反封建」を掲げた中国革命の「反封建」闘争につながる前近代農民闘争の典型例の一つとして、李自成は、毛沢東につながる農民革命家として高く評価された。しかし文化大革命（一九六五〜七八年）とその前段階、前近代農民戦争としての評価は、中国政治における権力闘争（毛沢東路線に反対する修正主義か否か）と直結し、不毛な学術論争の様相を濃くしていった。改革・開放政策に移行後の一九八〇年以降は市場経済による経済発展と社会の安定を重要視するなかで、階級闘争としての前近代の農民革命とその指導者の評価も相対化されていく。

陝西省を中心に近現代の中国では、失政で貧富の格差が拡大し、社会の混乱で人々の生活が立ちゆかなくなった時期に皇帝になった李自成は、「強くて、大金持ちをやっつけ、その財産を貧乏人に分け生活を保障してくれた」というような素朴な思いと、現状を変えてくれる英雄再現の期待感をもって追憶されたのであった。

李自成とその時代

西暦	年号	齢	おもな事項
1606	万暦 34	1	*8*- 李自成が延安府米脂県に，張献忠が延安府膚施県にそれぞれ誕生
1611	38	5	のちの崇禎帝朱由検（光宗第 5 子）生まれる
1616	44	11	*1*- ヌルハチ，後金国建国（太祖天命元年）
1618	46	13	ヌルハチ，反明行動開始。明，遼餉徴収開始
1626	天啓 6	21	*8*- ヌルハチ没。子のホンタイジ即位（スレ・ハン，太宗)。李自成，銀川駅卒に応募し採用される
1627	7	22	*3*- 陝西に数年にわたる大干害，大飢饉。白水県籍の王二反し，明末流賊の乱始まる。*8*- 天啓帝病死。弟の朱由検即位（崇禎帝)。
1628	崇禎元	23	王嘉胤・王自用・苗美・高迎祥ら，陝北各地で蜂起
1631	4	26	*4*- 有力流賊，王嘉胤敗死。*5*- 招撫の失敗で逮捕・下獄した楊鶴にかえ，三辺総督に洪承疇を任命。*11*- 李自成，再蜂起した流賊不沾泥軍に参加（諸説あり）
1634	7	29	*6*- 李自成，明軍に車箱峡に追い込まれるも偽降して危機を脱す。*11*- 洪承疇を五省軍務総理に任命
1635	崇禎 8	30	*1*- 流賊十三家七十二営による滎陽大会。流賊の指導者高迎祥ら，鳳陽を落とし皇陵を焼く。*2*- 後金，チヤハル部をくだし内モンゴル平定。*6*- 李自成ら真寧の勝利
1636	9	31	*7*- 清兵昌平に侵入，北京戒厳。高迎祥がとらえられ，北京で処刑。*4*- ホンタイジ，大清国皇帝位につく（国号を大清，年号を崇徳)。*9*- 盧象昇を宣大山西総督に移動させる。*12*- 楊嗣昌を兵部尚書に抜擢
1637	10	32	楊嗣昌，四正六隅十面大網策を提出。熊文燦，五省軍務総理に任命され鄖陽に駐屯
1638	11	33	*4*- 張献忠，羅汝才偽降。*9*- 清軍侵入し北京厳戒。*10*- 李自成，潼関で洪承疇の明軍に敗れ，18 騎で商洛山中に逃れる
1639	12	34	*1*- 清，河北・山東に侵入，済南の徳王をとらえる。洪承疇を薊遼総督に，孫伝庭を保定総督にそれぞれ転任させる。*5*- 張献忠・羅汝才，再蜂起。
1640	13	35	*11*- 李自成，山中より河南西部に進出。牛金星・李岩・宋献策ら参加。“均田免糧” などのスローガン提出
1641	14	36	*1*- 李自成，洛陽を落とし福王を殺す。*2*- 張献忠，襄陽を落とし襄王を殺す。*3*- 楊嗣昌自殺
1642	15	37	*2*- 洪承疇，松山の戦いで敗れ清に投降。孫伝庭，三辺総督に任命さる。*3*- 錦州総兵・祖大寿，清に投降。*7*- 河南朱仙鎮の戦いで，明軍が李自成軍に敗れる。*9*- 開封水没。*11*- 清軍侵入，北京戒厳
1643	16	38	*3*- 李自成，盟友羅汝才らを殺害。*5*- 李自成が襄陽で新順王を名乗り，また張献忠が武昌で大西王を名乗り，それぞれ政権を樹立。*8*- 清太宗ホンタイジ，突然死す（52 歳)，子のフリン即位（世宗順治帝)。*10* －潼関の戦いで孫伝庭死す
1644	17 順治元	39	*1*- 李自成，西安で皇帝を称し大順政権樹立。*3*- 北京陥落，崇禎帝自殺。*4*- 呉三桂，清に投降。福王由崧，南京で即位（弘光帝)。*5*- 李自成，皇帝即位の儀式後，西安へ撤退。*8*- 張献忠，成都で大西皇帝即位。*10*- 順治帝，北京に遷都，皇帝即位の儀式挙行
1645	2	40	*2*- アジゲ，西安を落とす。李自成ら湖北方面へ。*4*-（または閏 6）李自成，湖北九宮山で殺される

参考文献

岸本美緒・宮嶋博史『明清と李朝の時代』（世界の歴史 12）中央公論社，1998 年
森正夫『森正夫著作集』第 2 巻，第 3 巻 汲古書院，2006 年
田中正俊『田中正俊歴史論集』汲古書院，2004 年
檀上寛『明の太祖　朱元璋』白帝社，1994 年
谷口規矩雄「Ⅰ李自成・張献忠の乱」（谷川道雄・森正夫編）『中国民衆叛乱』3，平凡社，1982 年
幸田露伴『暴風裏花』（露伴全集 6 巻）岩波書店，1978 年
竹中憲一『北京歴史散歩』徳間書店，1988 年
高島俊夫『中国の大盗賊・完全版』講談社，2004 年
福本勝清『中国革命を駆け抜けたアウトローたち——土匪と流氓の世界』中央公論社，1998 年
福本雅一『明末清初　第三集』藝文書院，2012 年
暁剣（多田狷介訳）『滄桑——中国共産党外伝』中国書店，2011 年
吉尾寛『明末の流賊反乱と地域社会』汲古書院，2001 年
佐藤文俊『明末農民反乱の研究』研文出版，1985 年
佐藤文俊『明代王府の研究』研文出版，1999 年
佐藤文俊『李公子の謎——明の終末から現在まで』汲古書院，2010 年
当年名月『明朝那些事儿・大結局』中国海関出版社，2009 年
余同元『崇禎十七年』東方出版社，2006 年
張徳信，譚天星『崇禎皇帝大伝』遼寧教育出版社，1993 年
樊樹志『崇禎伝』人民出版社，1997 年
苗棣『崇禎皇帝大伝——正説明朝 12 帝系列』中国社会出版社，2008 年
李新達『洪承疇伝』四川人民出版社，1992 年
任乃強『張献忠』陝西人民出版社，1986 年
李宝忠（健侯）『永昌演義』新華社出版社，1984 年
郭沫若『甲申三百年祭』人民出版社，1945 年
李文治『晩明民変』遼東図書公司，1966 年
毛佩奇・王莉『中国明代軍事史』中国全史，人民出版社，1984 年
秦暉・韓敏・邵宏謨『陝西通史・明清巻』陝西師範大学出版社，1997 年
艾冲『明代陝西四鎮長城』陝西師範大学出版社，1990 年
黄復主編『闖王故郷行』陝西旅游出版社，2000 年
厳紹璗『李自成起義』歴史知識読物，中華書局，1974 年
姚雪垠『李自成』第 1 巻中国青年出版社，1977 年（1999 年に 5 巻全巻完成）
袁良義『明末農民戦争』中華書局，1987 年
柳義南『李自成紀年附考』中華書局，1983 年
謝承仁『李自成新伝』上海人民出版社，1986 年
晁中辰『李自成大伝』山東人民出版社，2000 年
方福仁『李自成史事新証』浙江古籍出版社，1985 年
王興亜『李自成経済政策研究』河南人民出版社，1982 年
王興亜『李自成起義史事研究』中州古籍出版社，1984 年
王興亜『“志大才疏” 李自成』中国社会科学出版社，2013 年
顧誠『明末農民戦争史』中国社会科学出版社，1984 年
顧誠『南明史』中国青年出版社，1997 年
顧誠『李岩質疑——明清易代史事探微』光明日報出版社，2012 年

図版出典一覧

王剣英『明中都研究』中国青年出版，2005年　*32*
呉暁編著『中国歴代酷刑史』内蒙古文化出版社，2012年　*81*
『中国文物地図集　陝西文冊』上巻，西安地図出版，1998年　*9*下右
『中国古代史参考図録　明朝時期』上海教育出版社，1991年　*23*上, *71, 86*
晁中辰『李自成大伝』山東人民出版社，2000年　カバー表, *91*上, 中
張徳信・譚天星『崇禎皇帝大伝』遼寧教育出版社，1993年　*18, 33*
『潼関県志』陝西人民出版社，1992年（東洋文庫所蔵）　*90, 91*
『文物明清史』中華書局，2009年　扉上
『明十三陵』中国旅游出版社，1997年　*79*下
『明清史料』中央研究院　扉下
孟津県地方志編纂委員会編『孟津県志』，1991年（東洋文庫所蔵）　*51*
李自成記念館所蔵（陝西省富県）　*23*中下, 下
著者提供　カバー扉, *8, 17, 18, 22, 23*中上, *50*上, 中, 下, *54, 55, 79*上右, 上左, *91*下

佐藤文俊(さとうふみとし)
1938年生まれ
東京教育大学大学院文学研究科博士課程単位取得退学，文学博士
専攻，中国明清政治社会史
元筑波大学大学院歴史・人類学系教授
主要著書
『明末農民反乱の研究』(研文出版 1985)
『明代王府の研究』(研文出版 1999)
『李公子の謎』(汲古書院 2010)

世界史リブレット人㊶
李自成《りじせい》
駅卒《えきそつ》から紫禁城《しきんじょう》の主《ぬし》へ

2015年6月25日　1版1刷発行
2023年5月31日　1版2刷発行
著者：佐藤文俊《さとうふみとし》
発行者：野澤武史
装幀者：菊地信義
発行所：株式会社 山川出版社
〒101-0047　東京都千代田区内神田1-13-13
電話　03-3293-8131(営業) 8134(編集)
https://www.yamakawa.co.jp/
振替 00120-9-43993
印刷所：株式会社 プロスト
製本所：株式会社 ブロケード
 ISBN978-4-634-35041-0